대통령들 0202250505

글　똥파리
그림 떨3

대통령들 0202250505

들어가는 말

 페이퍼르네상스 식구들과 작품으로 공명하고 싶었다. 그러나 메뚝씨의 여러 제안에도 불구하고 작품을 쓰는 일은 쉽지 않았다. 대부분 공상에 가까운 잡념에서 몇 글자 끄적이다 포기하기 일쑤였다. 2020년 서울로 두철수 공개 강연을 한창 다니던 무렵이었다. 메뚝씨는 지금의 '대통령' 프로젝트를 기획해 페·르 식구들과 작품에 관한 이야기를 공명하고 있었다. 엘리베이터를 타고 함께 올라가던 중 느닷없이 "쓰고 싶다"는 욕망이 불끈 타올랐다. "대통령들 내가 써봐도 될까?" 페·르 식구 모두 기뻐했다. 다음 날, 기획안과 작품에 관한 자료가 나에게로 넘어왔다. 어디서부터 시작해야 할지 막막했다. 시작도 하기 전에 후회가 따랐다. 그러나 되물릴 순 없었다. 그렇게 나는 열세 개의 대통-령(嶺)을 하나씩 하나씩 정복하며 더디게 오르기 시작했다. 그리고 5년의 시간이 흘렀다. 당초 계획은 2022년이 목표였는데, 무려 3년이나 뒤로 밀렸다. 나의 옛 별명인 똥파리가 말하듯 하나를 끝장내지 못하고 여러 가지에 관심을 두는 산만함과 여태 작별하지 못한 몸의 관성 때문이었다.

 나는 "일상생활의 혁명을 지속하는 매력남"을 줄여서 일지매로 살고자 선언했다. 더는 똥파리로 남아 있는 존재의 에너지를 낭비하고 싶지 않았다. 인간관계를 최소한으로 줄이고, 삶을 간소화했다. 그리고 새로운 것에 관심 두기보다 할아버지가 되어도 계속할 수 있는 것에 집중하기로 했다. 30년을 내다보고 오늘을 지속하는 것이야말로 존재를 혁명으로 이끌 수 있는 유일한 길임을 머리로는 확실히 알았고, 몸으로는 연마 중이다. 그 외엔 방법이 없다. 메뚝씨로부터 수혈받은 삶의 철학이다. 단언컨대 나는 말할 수 있다. 일지매로 삶을 전환했기에 《대통령들》의 완성은 가능했다고.

들어가는 말 ············3

01. 돼지, 이승만 ············10

    part I : 족보와 박사학위
    part II : 초대 대통령
    part III : 부정선거

02. 개, 윤보선 ············26

    part I : 금수저
    part II : 의원내각제 대통령
    part III : 하야

03. 뱀, 박정희 ············42

    part I : 흙수저
    part II : 5·16 쿠데타
    part III : 경제 대통령
    part IV : 유신정권

04. 양, 최규하 ············62

    part I : 모범생
    part II : 공무원
    part III : 하야

05. 원숭이, 전두환 ············78

    part I : 하나회
    part II : 5·18 광주민주항쟁
    part III : 6·10 민주화 운동

06. 토끼, 노태우 ············94

    part I : 보통 사람의 시대
    part II : 삼당 합당
    part III : 신도시

07. 호랑이, 김영삼 ············110

    part I : 민주투사
    part II : 개혁
    part III : IMF

08. 용, 김대중 ············126

    part I : 청년 사업가
    part II : 불사 정치인
    part III : 국민의 정부

09. 소, 노무현 ············142

    part I : 거리의 변호사
    part II : 지역주의 타파
    part III : 특권과 반칙없는 사회

10. 쥐, 이명박 ············158

    part I : 샐러리맨의 신화
    part II : 청계(淸溪)
    part III : 사업가 대통령

11. 닭, 박근혜 ············ 174

part I : 영애
part II : 선거의 여왕
part III : 탄핵 대통령

12. 말, 문재인 ············ 190

part I : 실향민의 아들
part II : 참여정부
part III : 미완의 촛불

13. 괴물, 윤석열 ············ 206

part I : 도리도리
part II : 반(反) 원칙주의자
part III : 비상계엄

나가는 말 ············ 222

주요인물

이승만 李承晚
공화정을 이용해 왕이 되고자 했던 탐욕 가득한 대통령
1948년 7월 24일부터 1960년 4월 27일까지 제1·2·3대 대통령을 역임했다.

윤보선 李承晚
한번 물면 절대 놓을 줄 모를 만큼 인정욕구가 강한 대통령
1960년 8월 13일부터 1962년 3월 22일까지 제4대 대통령을 역임했다.

박정희 朴正熙
뱀이 허물을 벗듯 변신에 능하면서도 갈라진 뱀의 혀처럼 표리부동한 대통령
1963년 12월 17일부터 1979년 10월 26일까지 제5, 6, 7, 8, 9대 대통령을 역임했다.

최규하 崔圭夏
절대 권력에 순응하며 공무원계 그랜드슬램을 달성한 대통령
1979년 12월 6일부터 1980년 8월 16일까지 제10대 대통령을 역임했다.

전두환 全斗煥
조직력이 뛰어나고 권모술수에 능한 대통령
1980년 9월 1일부터 1988년 2월 24일까지 제11, 12대 대통령을 역임했다.

노태우 盧泰愚
자신의 실체를 결코 드러내지 않는, 가면을 쓰는 데 능한 대통령
1988년 2월 25일부터 1993년 2월 24일까지 제13대 대통령을 역임했다.

김영삼 金泳三
신속한 결단력으로 승부를 반드시 내고야 마는 행동파 대통령
1993년 2월 25일부터 1998년 2월 24일까지 제14대 대통령을 역임했다.

김대중 金大中
세계 전체의 흐름을 읽고, 변화의 핵심을 꿰뚫어 보는 지성파 대통령
1998년 2월 25일부터 2003년 2월 24일까지 제15대 대통령을 역임했다.

노무현 盧武鉉
뜻을 둔 길로 가고자 한다면 어떤 시련에도 묵묵히 전진하는 대통령
2003년 2월 25일부터 2008년 2월 24일까지 제16대 대통령을 역임했다.

이명박 李明博
논에 아주 밝은 사업가 대농령
2008년 2월 25일부터 2013년 2월 24일까지 제17대 대통령을 역임했다.

박근혜 朴槿惠
현실을 감각하지 못하고 공상에 빠져 스스로 날 수 있다고 착각한 대통령
2013년 2월 25일부터 2017년 3월 10일까지 제18대 대통령을 역임했다.

문재인 文在寅
안정과 균형을 장착한 인내심 높은 대통령
2017년 5월 10일부터 2022년 5월 9일까지 제19대 대통령을 역임했다.

윤석열 尹錫悅
공정을 밥 먹듯 배신해버리는 대통령
2022년 5월 10일부터 2025년 4월 4일까지 제20대 대통령을 역임했다.

이승만(李承晩)

1875년 3월 26일 ~ 1965년 7월 19일
재임기간 : 1948년 7월 24일 ~ 1960년 4월 27일

이승만

亥

6·25 3·15 개헌

족보와 박사학위
그는 스스로 왕족이자 최고 엘리트라 자부했다.

초대 대통령
그는 대한민국 최고의 존재라 자신했다.

부정선거
그는 자기가 아니면 안 된다고 자만했다.

이 나라의 대통령은 나뿐이야!

PART I : 족보와 박사학위
'그는 스스로 왕족이자 최고 엘리트라 자부했다.'

1. 이승만은 양녕대군의 16대손으로 그의 가문은 직계가 아닌 방계다. 양녕대군은 조선의 3대 임금인 태종의 첫째 아들로 세자에 책봉되었으나 사대부들의 권력 다툼에 밀려 폐세자가 된다. 양녕을 대신하여 태종의 셋째 아들인 충녕(세종)이 왕위에 오른다. 이승만은 자신의 처지를 개선시킬 수 없는 폐쇄적인 조선 사회에 대한 적개심이 높았지만, 한편으로 왕손이라는 자부심 또한 상당히 가지고 있었다.

2. 과거제도는 1894년 갑오개혁의 시행과 함께 폐지된다.

3. 배재학당은 1885년, 미국 북감리교회 선교사 아펜젤러가 설립한 근대식 중등 교육기관이다. 이승만은 1895년, 20세가 되던 해에 친구 신긍우의 권유로 입학하게 된다.

4. 고종폐위음모사건은 1898년에 박영효가 자신의 세력을 규합하여 고종을 폐위하고 새로운 왕을 세우려다 실패한 사건이다. 이승만은 이 사건의 연루자로 지목되어 역모에 탈옥 죄까지 더해져 1899년 1월 9일부터 1904년 8월 9일까지 징역을 살게 된다.

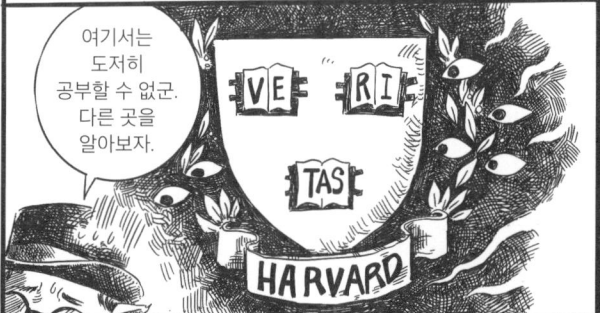

5. 1908년 3월 23일, 미국인 더럼 스티븐스는 샌프란시스코의 페리 빌딩 앞에서 전명운, 장인환에 의한 저격으로 사망한다. 더럼 스티븐스는 친일 성향의 정치인으로서 일본 외무성의 부탁으로 대한제국 외교 고문에 파견된 인물이었다. 스티븐스는 "무능한 조선은 독립을 포기하고 일본의 보호를 받는 것이 당연하다."고 주장했다. 스티븐스의 발언에 분노한 전명운과 장인환이 암살 계획을 세우고 실행에 옮긴 사건이다.

PART II : 초대 대통령
'그는 대한민국 최고의 존재라 자신했다.'

6. 1945년 12월 16일, 미국, 영국, 소련의 외무장관이 모스크바에 모여 제2차 세계대전 전후 처리 문제를 논의했다. 이 논의 과정에서 미국과 소련은 북위 38° 선을 기준으로 한반도 신탁통치에 합의한다.

7. 국가보안법은 1948년 12월 1일에 제정된 형법으로 일제 강점기 때 집행되었던 치안유지법을 그대로 옮겨 놓은 법이다. 일명 '빨갱이 법'으로 통하는 이 법은 분단된 우리 남한 사회에서 정권을 유지하기 위한 정치적 탄압 도구로 사용된다. 독재 및 군부 정권에 맞서 민주주의를 외치던 수많은 열사들이 이 법에 의해 희생된다. 김대중 정부 이후 국가보안법 폐지에 대한 논의가 지속되어 왔으나 현재까지도 그 실효를 거두지 못하고 있다.

8. 제주 4·3 사건은 첨예한 냉전 이데올로기 속에서 이승만 정부와 미군정이 남한 내 반공 이데올로기 강화를 목적으로 제주도민을 희생양 삼은 사건이다. 1947년 3월 1일을 기점으로 1954년 9월 21일까지 7년 7개월 동안 제주도민 3만 명이 공권력에 의해 희생된 제주의 비극적인 역사이다.

9. 반민족행위처벌법은 1948년 9월, 일본에 협력한 친일파를 반민족 행위로 규정하고 그들을 처벌하기 위한 법으로 제정된다. 그러나 이승만은 정권의 협력자로 친일 세력을 끌어들였고 그들은 이승만 정권의 비호 아래 처벌을 피할 수 있었다. 이 법은 이승만의 철저한 방해 공작과 묵살로 1951년 2월에 결국 폐지되었다.

오히려 1950년 6월 25일 새벽 4시, 북한의 기습 공격으로 한국전쟁은 시작된다. 북진을 주장하던 이승만은 '서울 사수' 담화문을 녹음한 뒤, 몰래 서울을 빠져나간다. 국민은 녹음된 담화문을 믿고 있다가 뒤늦게 그 사실을 알고 피난길에 오른다.

"정부는 대통령 이하 전원이 수도 서울을 사수할 것이니 국민은 군과 정부를 신뢰하고 조금도 동요함 없이 직장을 사수하라."

북한군은 개전 2개월 만에 한반도 전역을 점령한다. 부산에 임시 수도를 세운 그의 대책은 오직 미군의 원조뿐이었다.

전쟁은 미국이 알아서 할 테고 난 정쟁에 집중해야겠군!

그러나 그에겐 전쟁보다 시급한 문제가 있었다. 코앞에 닥친 제2대 대통령 선거에서의 연임이 불확실했다.

이승만은 간선제를 직선제로 개헌하는 묘책을 계획한다. 임시 수도 부산에서 벌어진 부산정치파동[10]은 개헌을 위한 그의 특단이었다. 그는 전쟁 와중에 계엄령을 선포한다.

저기, 빨갱이 버스가 앞으로 어떻게 되는지 똑똑히 보시오.

이건 국회에 대한 모독이오!

난 대한민국의 영원한 왕이야!

직선제 개헌에 성공한 이승만은 제2대 대통령 선거에서 당선된다. 전쟁이 그의 집권 연장에 기회를 부여한 것이다.

10. 부산정치파동은 1952년, 임시 수도 부산에서 일어난 일련의 정치 사태다. 이승만은 제2대 대통령 선거를 앞두고 자신의 재선이 간접선거로는 불투명해지자 직선제로 개헌을 시도한다. 그 과정에서 이승만은 계엄령을 선포한 뒤, 군을 동원하여 국회의원을 연행하는가 하면, 군경이 국회의사당을 포위한 가운데 공포 분위기 속에서 개헌안을 통과시킨다.

11. 부통령은 제1공화국(1948년~1960년) 기간 동안 운영된 정부 직책이다. 부통령은 대통령 궐위 시 대통령의 권한을 대행하게 된다. 1960년, 당시 정치 권력을 잡고 있던 자유당 세력은 고령의 이승만이 갑작스레 유고할 경우를 대비해 부통령의 자리를 반드시 사수하고자 했다.

12. 1954년 11월에 실행된 제2차 개헌이다. 이승만은 재선에 이어 3선에 나서고자 초대 대통령에 한 해 '대통령 중임 제한'을 없애는 개헌안을 발의한다. 개헌안이 가결되기 위해서는 국회 재적의원 203명 중 3분의 2 이상, 즉 136명이 찬성해야 한다. 그러나 표결 결과 135명으로 부결이 되자 이에 자유당은 불복한다. 그 근거로는 203명의 3분의 2가 135.33333 임으로 반올림에 의거 소수 첫째 자리 3을 버려야 하고 그 결과 가결 기준이 135명이라는 것이다. 그렇게 헌법은 개정된다. 사사오입이란 반올림의 다른 말이기에 이 사건을 일컬어 '사사오입 개헌'이라 부른다.

13. 조봉암(1898년~1959년), 해방 이전 조선공산당원으로 활동했으며 1948년에 제헌 국회의원으로 당선, 초대 농림부 장관을 역임한다. 당시 농지개혁을 주관하며 무상몰수 무상분배를 추진했으나 실패한다. 조봉암은 1956년 제3대 대통령 선거에 무소속으로 출마해 국민으로부터 상당한 지지를 받는다. 그러나 이에 위협을 느낀 이승만 정권은 그에게 간첩 혐의를 씌워(진보당 사건) 사형시킨다. 정치 탄압에 의한 사법 살인의 희생양이 된 조봉암은 2011년, 대법원 무죄판결로 사후 복권된다.

14. 조병옥(1894년~1960년), 해방 이후 미군정 시절 경찰 총수를 지냈고 1948년에 내무부 장관을 역임한다. 1955년, 민주당에 입당한 그는 사사오입 개헌에 반대하며 이승만의 독재에 맞선다. 1960년 제4대 대통령 선거에 출마하나 유세 기간 중 지병 치료 차 미국으로 잠시 넘어갔는데 그곳에서 급사하고 만다.

15. 1960년 3월 15일에 치러진 제4대 대통령 선거에서 부통령의 자리를 반드시 사수해야 했던 자유당은 부정선거를 대놓고 자행한다. 3·15 부정선거에 분노한 국민은 거리 시위로 나섰고, 이것이 도화선이 되어 4·19 혁명으로 이어진다.

16. 김주열(1944년~1960년), 마산 상고를 다니던 김주열 학생은 3·15 부정선거 규탄 시위를 위해 거리로 나선다. 당시 규탄 시위를 이끌던 주역은 다름 아닌 고등학생들이었다. 그는 시위 도중 경찰이 발포한 최루탄에 맞아 사망한다. 경찰은 그의 죽음을 은폐하고자 마산 앞바다에 시신을 버린다. 그러나 얼굴에 최루탄이 박힌 채 버려진 시신이 바다 위로 떠오르면서 국민의 분노는 극에 달한다. 그의 죽음이 4·19 혁명을 일어나게 했다.

그러나 4·19 혁명은 민주주의라는 꽃을 피우지 못한 채 군부 쿠데타라는 반동의 역사로 회귀하고 만다.

이승만의 탐욕스러운 권력욕은 우리 사회를 음울하고 냄새나는 돼지우리로 만들었다.

대한민국 현대사의 비극은 이렇게 시작된다.

4·19 혁명 뒤, 이승만은 부인 프란체스카와 함께 하와이로 임시 망명한다. 그는 귀국을 원했으나 이후 윤보선과 박정희 정권은 그의 귀국을 허락하지 않았다. 1965년 7월, 그는 향년 90세의 일기로 하와이 요양병원에서 사망한다.

윤보선(李承晚)
1897년 8월 26일 ~ 1990년 7월 18일
재임기간 : 1960년 8월 13일 ~ 1962년 3월 22일

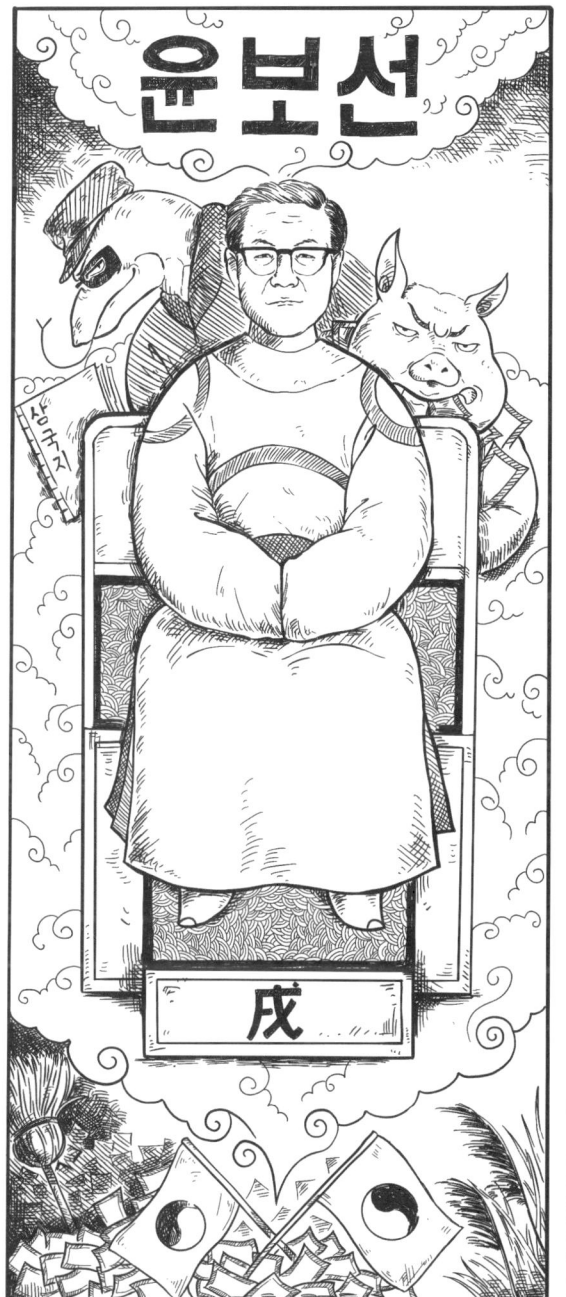

금수저
그는 특권에 순응했다.

"아버지 돈은 독립자금으로도 사용했다구."

의원내각제 대통령
그는 인정을 바랐다.

"이건 내 밥그릇이야! 으르렁…!"

하야
그는 자주, 반복적으로 흔들렸다.

"보선아~ 이쪽이야~"

PART I : 금수저
'그는 특권에 순응했다.'

1. 국채보상운동(1907년~1908년), 1904년에 한일의정서를 체결한 일본은 한반도 식민지화에 본격적으로 나선다. 그 방법 중 하나가 차관을 이용한 경제적 예속이다. 1906년, 한반도에 통감부를 설치한 일본은 대한제국의 시정을 개선한다는 여러 명목으로 차관을 들여오도록 한다. 그 금액은 대한제국의 일 년 예산인 1,300만원에 달했다. 이에 1907년, 대구 광문사 부사장이었던 서상돈이 일본으로부터 진 국채 2천만 동포의 힘을 모아 갚자는 건의서를 낭독하면서 전국적인 모금 운동으로 펼쳐진다. 그 결과, 3개월 만에 20만 원을 모았으나 결국 일본의 방해로 실패하게 되고, 모금된 돈의 행방 역시 묘연히 사라진다.

2. 신해혁명(1911년~1912년), 청나라 제정을 전복하고 중국 최초의 공화정을 수립한 혁명이다. 그 중심에는 쑨원이 있다. 중국혁명동맹회를 결성한 쑨원은 삼민주의(민족, 민권, 민생)를 이념으로 청 제국의 각 지역에서 일어난 민중 봉기를 하나로 결집시키는 데 성공하여 혁명의 기반을 다진다. 쑨원은 난징에 중국 최초 공화 정부인 중화민국 임시정부를 수립하고 임시 대총통 자리에 오른다. 그러나 쑨원은 혁명 진압군이었던 위안스카이와의 어설픈 타협으로 청 제국을 몰락시키는 데는 성공하나 위안스카이의 배신으로 결국 공화정을 이루는 데는 실패하게 된다. 이후 중국의 역사는 군벌 간의 내전으로 극심한 혼란에 빠지게 된다.

3. 여운형(1886년~1947년)은 1907년, 대한협회에서 주최한 강연에서 안창호의 연설을 듣고 독립운동에 뛰어든다. 그는 대한민국 임시정부 임시의정원을 지냈고 1923년, 국민대표회의 때는 안창호와 함께 개조파로 활동한다. 해방 이후 여운형은 건국준비위원회(건준)를 발족하고 각 지역마다 인민위원회를 결성하여 자치 정부를 세우고자 했으나 한반도에 미·소 군정에 의한 신탁통치가 현실화되면서 여운형의 건준 활동은 실패하게 된다.

4. 신규식(1880년~1922년), 1911년에 중국으로 망명하여 쑨원이 주도한 신해혁명에 참여할 만큼 공화주의적인 인물이다. 그는 '동제사(同濟社)'라는 조직을 결성해 공화주의 독립선언서인 대동단결선언을 발표한다. 그는 대한민국 임시정부 초대 국무총리 겸 외무총장을 지냈으나, 임시정부 내 분열을 막고자 단식을 진행하다 독립을 기원하는 유언을 남기고 사망한다.

5. 당시 윤보선은 지참금 2,000원을 내고 대한민국 임시정부 임시의정원이 된다. 당시 2,000원은 집 한 채 정도의 금액이었다.

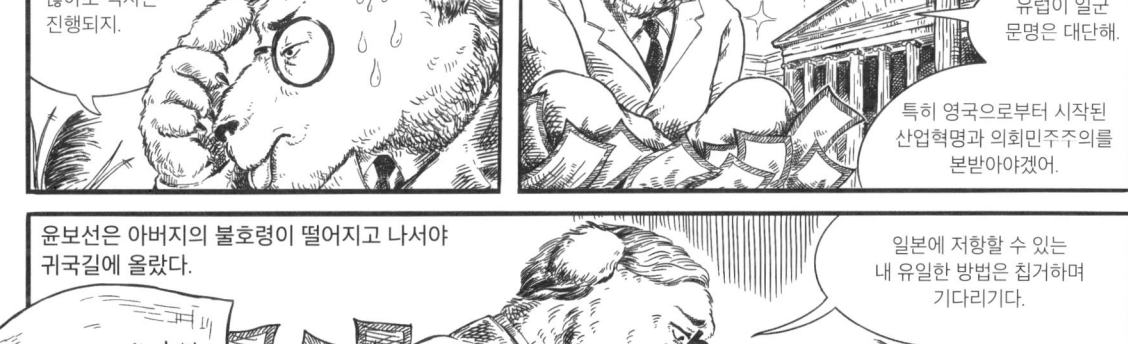

PART II : 의원내각제 대통령
'그는 인정을 바랐다.'

6. 의원내각제는 대통령제와 달리 의회(입법부)를 기반으로 정부를 구성한다. 즉, 행정부의 수장인 총리(수상)를 의회에서 결정하기 때문에 다수당이 된 정당이 정치권력을 장악하게 된다. 당시, 윤보선은 현행 제도인 대통령제로는 신파인 장면과의 싸움에서 정치권력을 잡을 수 없다는 판단 아래 의원내각제로의 헌법개정을 시도한다. 다시 말해, 공석이 된 대통령을 다시 선출하는 것이 아닌 국회의원 선거를 통해 정치권력을 잡겠다는 전략이었다. 그 과정에서 윤보선은 4·19 혁명으로 몰락해 가던 자유당 의원들과의 정치적 야합을 이루었고, 그 결과 의원내각제로의 헌법개정에 성공한다. 그러나 우리나라 최초 의원내각제는 1년이 채 안 되어 5·16 쿠데타와 함께 역사 속으로 사라진다.

PART III : 하야
'그는 자주, 반복적으로 흔들렸다.'

7. 1961년에 5·16 쿠데타를 일으킨 박정희는 사회 혼란을 수습한 뒤, 군정이 아닌 민간 정부에 정치권력을 넘기고(민정이양) 군인 본연의 임무로 돌아가겠다는 명분을 앞세워 정치권력을 장악한다. 그러나 박정희에게 민정이양은 정치권력을 잡기 위한 명분이었을 뿐, 실제 그럴 마음은 없었다. 그는 수차례 민정이양을 번복하다 결국 군복을 벗고 민간인이 된 자신에게 정치권력을 이어간다.

8. 여순사건은 여수·순천 사건의 줄임말로, 1948년 10월 19일부터 전라남도 여수와 순천 일대에서 발생한 사건이다. 사건은 1948년, 제주도에서 일어난 4·3 사건을 진압하기 위해 여수에 있던 조선경비대(국군 창설 이전 군의 형태) 14연대에 명령이 떨어지면서부터 시작된다. 당시, 조선경비대 내에는 남로당(남조선노동당) 조직이 비밀리에 대거 형성되어 있었고, 박정희는 친형 박상희의 권유로 남로당에 가입해 있었다. 14연대에 속해 있던 남로당 소속 군인들은 제주 4·3 사건 진압에 항명하며 반란을 일으킨다. 이에 여수·순천에 계엄령이 선포되고 여순사건이 무참히 진압된다. 또한, 조선경비대 내 남로당 조직 색출 작업이 이루어진다. 박정희는 남로당 색출 작업에 협조함으로써 살아남는다.

해위(海葦) 윤보선.
그는 바다에서 불어오는 바람에 따라
유연하게 흔들리는 완강한
갈대라기보다 너무, 자주, 반복적으로
흔들리는 사람이었다.

그 무능함으로 우리는 혁명의 피로 잡은 적폐 청산의
기회를 잃었다.

그로 인해 우리는 수치심마저 상실한 더 큰 적폐를
오랜 세월 견뎌야 할 운명에 처하게 되었다.

난, 박정희만
아니면 다 돼!

1990년, 윤보선은 향년 93세에 생을 마감했다.
유언으로 박정희와 같이 현충원 국립묘지에 안장되길 거부,
고향인 아산 가족묘에 묻혔다.

박정희(朴正熙)

1917년 11월 14일~1979년 10월 26일

재임기간 : 1963년 12월 17일 ~ 1979년 10월 26일

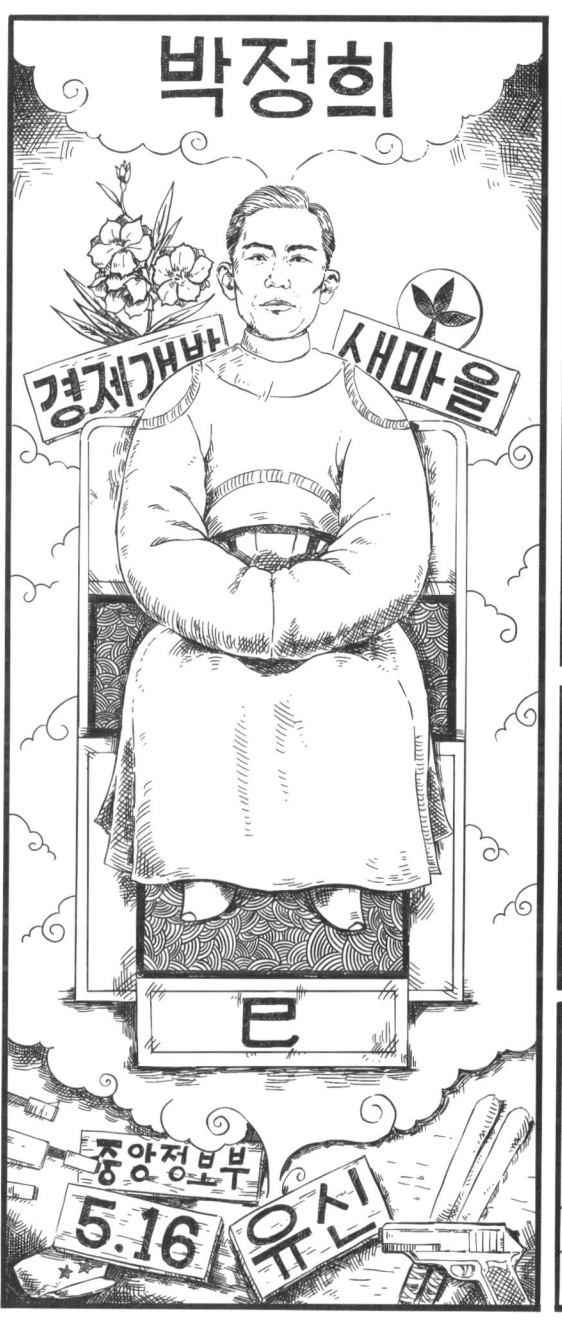

흙수저
그는 변신에 능했다.

5·16 쿠데타
그는 생존에 강했다.

경제 대통령
그는 대중을 이용할 줄 알았다.

유신정권
그는 유아독존이었다.

PART I : 흙수저
'그는 변신에 능했다.'

1. 1939년, 만주국의 수도였던 신경에 설립된 육군사관학교다. 일제 강점기 시절 박정희처럼 이곳 신경군관학교를 지원한 조선인들이 상당수 있었다. 해방 이후 이들은 대한민국 군인으로 신분 세탁한 뒤 승승장구한다.

2. 조선경비사관학교는 1946년, 미군정 시기에 설립된 군 간부 양성소로 현 육군사관학교의 전신이다. 당시 미군정은 해방된 남한 사회에 효율적인 군 체계를 신속히 세우고자 군 경력자를 우선 모집한다. 이때 일본군, 만주군의 친일 경력을 가진 군 경력자들이 대거 선발되면서 신분 세탁의 기회를 얻게 된다.

3. 남로당은 남조선로동당의 약칭으로 1946년, 서울에서 창당한다. 남로당은 조선 공산당의 계보를 잇는 정당으로 해방 이후 민중의 지지를 가장 많이 받는 대중 정당이 된다. 그러나 2차 세계대전 이후 미소 냉전 시대가 열리게 되고 한반도가 분단으로 치닫는 과정에서 남로당은 남한 단독정부 수립에 반대하는 무장투쟁을 벌인다. 그 대표적인 사건이 제주 4·3 사건이고 이어 여순사건 발생하게 된다. 이후 남로당은 국가보안법 제정과 함께 반국가단체로 지목되고, 이후 정치 탄압과 함께 대중 정당으로서의 힘을 잃게 된다.

4. 백선엽(1920년~2020년), 만주국 봉천군관학교 출신이자 간도특설대로 활동하며 독립을 탄압하는데 앞장섰던 인물이다. 해방 이후 미군정이 세운 군사영어학교 1기생으로 졸업한 백선엽은 친일 신분 세탁에 성공하면서 대한민국 군인으로 승승장구한다. 자신과 비슷했던 과거 이력 때문이었을까? 백선엽은 강경 반공주의자였음에도 불구하고 박정희 구명에 앞장섰고 그 덕분에 박정희는 위기를 모면하게 된다.

PART II : 5·16 쿠데타
'그는 생존에 강했다.'

쿠데타는 단 3일 만에 정부 주요 기관을 모두 장악한 뒤, 비상계엄을 선포하면서 성공을 거두게 된다.

혁명공약
하나. 반공을 국시의 제일로 삼고…
둘. 미국을 위시한 자유우방과 유대를…
셋. 모든 부패와 구악을 일소하고…
넷. 민생고를 시급히 해결하고…
다섯. 국토통일을 위해 공산주의와…

여섯. 과업이 성취되면 본연의 임무로 복귀한다.

쿠데타는 장면 정부의 무능과 윤보선 대통령의 권력욕 때문에 성공했다.

냉전 상황에서 안보를 위해 박정희를 이용해야겠군!

한반도를 전략적 요충지로 삼으려면 군부 정권이 좀 더 유용하겠어!

무엇보다 쿠데타에 대한 미국의 암묵적 승인이 컸다.

사회혼란을 수습한 뒤 민간에 권력을 이양하고 군인으로 돌아가겠습니다.

정치 깡패 사회에서 격리하기.

농민의 고리채 정리하기.

부정 축재 기업인 처벌하기.

그리고 박정희는 반대 여론을 잠재우기 위한 방책으로 민정이양을 약속하는가 하면 쿠데타의 정당성을 확보하기 위해 혁명을 흉내낸다.
그렇게 그의 행보는 권력의 최고 정점을 향해 가고 있었다.

5. 5·16 군사쿠데타 성공의 주역인 육사 8기는 육군본부 정보국 출신 장교들로 정보 수집 및 활용에 능숙한 인물들이었다. 그중 육사 8기의 리더였던 김종필의 주도로 1961년에 중앙정보부가 설립된다. 일명 중정 또는 남산이라 불린 중앙정보부는 대통령 직속기관으로써 박정희의 장기 집권을 위한 정치 권력의 수단으로 악용된다.

6. 존 F. 케네디(1917년~1963년), 미국의 민주당 정치인으로서 제35대 대통령에 오른 인물이다. 제2차 세계대전 이후 형성된 냉전 시대 속에서 미국은 한국과 일본의 관계를 강화함으로써 소련 및 중국과의 군비 경쟁에서 우위를 점하길 원했다. 그러나 해방 이후 반일 정서가 강했던 이승만 정권은 한일 수교에 미온적이었다. 이후 때마침 쿠데타를 통해 권력을 잡으려는 박정희가 출현하자, 케네디는 박정희를 이용하여 한일 수교를 추진하고자 한다. 또한, 친일적인 사관이 뚜렷했던 박정희였던 터라 한일 수교는 1965년, 국민적 대규모 저항에도 불구하고 성사된다.

7. 1962년, 쿠데타에 성공한 박정희는 부패하고 무능한 기성 정치인들을 제거하고 국민을 위한 참신한 정치 풍토를 만들겠다는 명분으로 정치활동정화법을 제정한다. 그러나 그의 속내는 기성 정치인들의 정치활동을 금지시킴으로써 자신의 지지 세력인 민주공화당이 국회를 장악할 수 있도록 하기 위한 조치였다.

8. 우리나라는 실업 문제를 해결하고 외화를 벌어들일 목적으로 1963년에 독일과 한독근로자채용협정을 체결한다. 그렇게 독일에 파견된 노동자의 수가 2만 명에 달했고, 그들은 독일인들이 가장 꺼려 하던 직종인 광부와 간호사에 채용되어 열악한 환경 속에서 일을 하게 된다. 그 결과 1965년부터 1975년까지 파독 근로자들이 보내온 송금액은 1억 달러에 달했다.

9. 전태일(1948년~1970년), 한국 노동운동의 상징적인 인물이다. 그는 당시 법적인 근로 기준이 제대로 지켜지지 않고 열악한 환경과 저임금에 시달리던 노동자들의 삶을 두고 볼 수 없었다. 그는 평화시장을 중심으로 노동자 조직인 '바보회'를 결성해 그들의 열악한 처지를 개선하고자 노력한다. 그러나 노동자들의 비참했던 현실이 조금도 나아질 기미가 보이지 않자 그는 1970년 11월 13일, 평화시장 앞에서 '근로기준법을 준수하라!'를 외치며 분신한다. 그의 죽음은 노동자들의 실상을 알리는 큰 계기가 되었고, 우리나라 노동운동의 큰 전환점이 된다.

PART Ⅳ : 유신정권
'그는 유아독존이었다.'

10. 제7대 대선을 치르는 과정에서 박정희는 졸속 남서울개발계획을 발표한다. 대의적인 명분으로는 김신조 사건(1968년)으로 발생한 안보 위협에 따른 '안전한 한강 이남 개발'과 1960년대 이후 서울 인구 급증으로 발생한 주거난 해결이었다. 그러나 진짜 이유는 제7대 대통령 선거를 치르기 위한 선거 자금을 확보하는 데 있었다. 그 결과, 부동산 졸부들이 탄생하게 되면서 우리나라는 부동산 광풍에 휘청거리게 된다.

11. 박정희는 5·16 쿠데타 성공 이후 의원내각제에서 다시 대통령제로 헌법을 개정한다. 당시 개정된 헌법에서 대통령의 임기는 4년이고 1차에 한해 연임할 수 있도록 규정하고 있었다. 연임에 성공한 박정희는 더는 대통령 선거에 출마할 수 없게 되자 1969년, 3선 개헌을 강행하여 개헌을 이룬다. 이후 1971년에 치러진 제7대 대선에서 박정희는 불법적인 관권 선거를 동원한 가운데 김대중과의 박빙 대결에서 간신히 이겨 세 번째 대통령에 오른다.

12. 남한의 박정희는 유신 독재 정부를 계획하고 있었고, 북한의 김일성 역시 유일 체제라는 독재 정권으로 나아가고 있었다. 그들은 1972년 남북 7·4 공동 성명을 발표함으로써 마치 약속이나 한 듯 '한반도 평화'라는 말뿐인 슬로건을 이용해 자신들의 독재 권력을 공고히 하는 데 이용했다. 이후 남북 7·4 공동 성명에서 합의한 원칙들은 남북 관계를 개선하기는커녕 강경한 남·북 이데올로기 대립 구도를 더욱 악화시킨다.

13. 데탕트(Détente)는 프랑스어로 '긴장 완화'를 뜻한다. 제2차 세계대전 이후 미·소 냉전체제가 이어지는 가운데 미국의 베트남 전쟁이 장기화되면서 경제적 파국 상태에 이르게 되자, 미국의 닉슨 대통령은 중국 베이징을 전격 방문하여 모택동과의 외교를 추진함으로써(일명 핑퐁 외교) 극에 치닫던 냉전의 긴장이 점차 완화된다.

14. 전국민주청년학생총연맹(약칭 민청학련), 1972년에 박정희가 유신 정권을 수립하자, 이에 유신 반대를 외치며 저항 운동에 나섰던 대학생 조직이다. 민청학련을 진압하고자 박정희는 긴급조치를 발표한 뒤, 이들을 공산주의를 추종하는 반국가단체로 지목하여 180명에 달하는 인원을 구속시킨다. 그들 중 윤보선 전 대통령이 배후 조종자로 지목되어 함께 재판에 넘겨져 실형을 받는다. 참고로, 2005년에 민청학련 사건은 정부에 의한 조작된 사건으로 무혐의 처분이 내려진다.

15. 1972년, 유신 헌법에 근거하여 제정된 대통령의 특별조치로 국민의 기본권을 정지시킬 수 있는 막강한 권한이다. 박정희는 자신의 정권에 저항하는 세력을 탄압하고자 아홉 번에 걸쳐 긴급조치를 발동한다. 민청학련 사건 때에는 긴급조치 4호가 내려졌다.

16. YH무역은 1970년 당시, 우리나라 최대 가발 업체였으나 박정희의 중화학공업 육성 정책에 따라 점차 쇠락의 길을 걷다가 1979년, 폐업에 이르게 된다. 이에 노동자들은 김영삼이 총재로 있는 신민당 당사에 들어가 농성을 펼친다. 박정희는 공권력을 투입하여 강경 진압을 지시하고 그 과정에서 여공이었던 김경숙이 추락사한다. 게다가 배후로 지목된 김영삼이 국회의원직에서 제명당하기까지 한다.

17. YH무역 사건에 촉발하여 1979년 10월 16일, 부산과 마산에서 유신 정권에 대항하는 대규모 시위가 발발한다. 박정희는 국민을 상대로 대규모 시위를 진압하고자 부산에 계엄령을 선포하고 군을 투입한다. 이는 10·26 박정희 암살 사건으로 이어지는 결정적 사건이 된다.

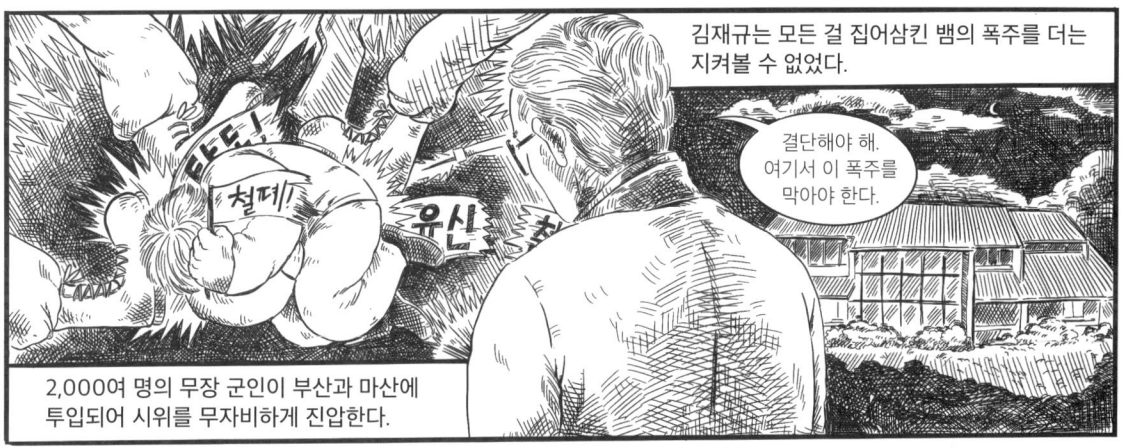

뱀과 같은 박정희가 남긴 어둠은 세 가지로 압축할 수 있다.
첫째, 쿠데타의 명분이었던 부정부패 척결은 요식행위로 끝났다. 경제 규모가 커짐에 따라 과거보다 더 큰 규모의 정경유착은 여태 이어지고 있다.

둘째, 박정희의 분배 없는 성장으로 인해 양극화는 세계 최고가 됐으며, 도시 중심의 성장은 농촌 파괴를 불러왔고, 부동산 투기는 우리 사회의 고질적 병폐로 뿌리 내렸다.

셋째, 박정희는 정권 유지를 위해 정치적 반대 세력뿐만 아니라 무고한 사람들까지 너무나 많은 사람을 죽였다. 그 억울한 죽음의 원한들은 우리를 여태 울리고 있다.

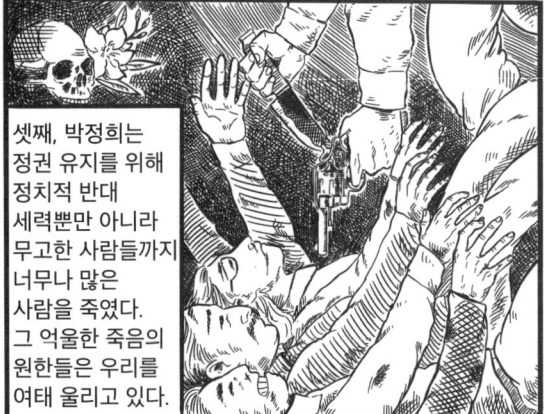

1979년 10월 26일, 박정희는 쿠데타를 혁명이라 믿었던 부하의 총탄에 죽는다.
그의 나이 62세였다.
당시 그의 넥타이와 허리띠는 허름하게 낡아 있었다. 박정희의 추종 세력들은 이를 근거로 박정희의 청빈, 청렴을 말한다. 그러나 그의 집무실 내 금고에는 현금과 금괴가 가득했고, 전두환의 손을 거쳐 딸 박근혜에게로 넘겨진다.

최규하(崔圭夏)

1919년 7월 16일 ~ 2006년 10월 22일
재임기간 : 1979년 12월 6일 ~ 1980년 8월 16일

PART I : 모범생

'그는 안정을 바랐다.'

1. <뱀과 개구리>는 원주보통학교 시절 글짓기 수업에 남다른 재능을 보인 최규하가 써낸 글이다. 내용은 뱀과 개구리에 빗대어 인간 사회의 약육강식을 표현한 이야기다.

2. 대동학원은 1932년, 만주국이 신경시에 관료 양성을 목적으로 세운 학교다. 신경시에는 출세를 위한 양대 코스가 있었는데, 바로 박정희가 나온 신경군관학교와 최규하가 나온 대동학원이다.

PART II : 공무원
'그는 권위에 복종했다.'

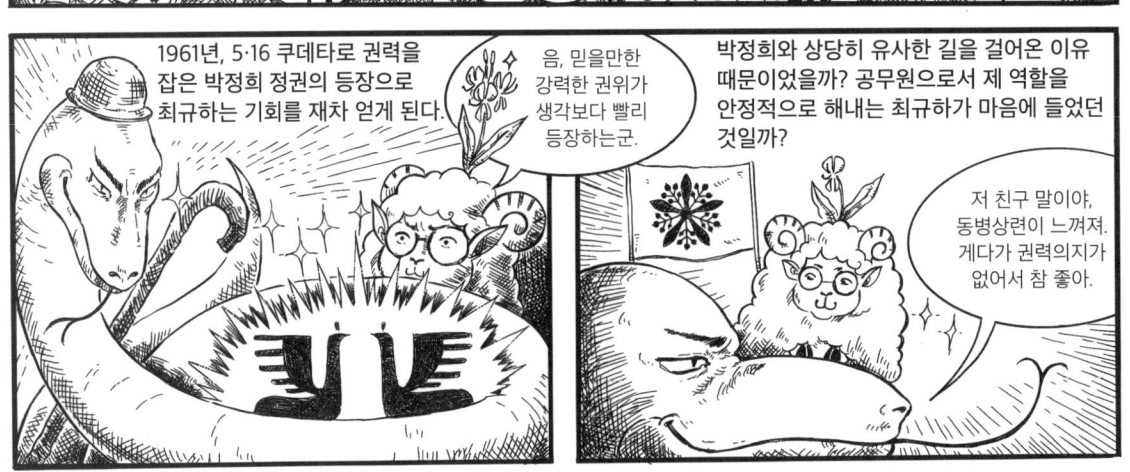

3. 김신조(1942년~현재)는 1·21 사태의 유일한 생존자다. 그는 1968년 1월 21일, 박정희를 암살할 계획으로 남한에 투입된 무장공작원이다. 계획이 실패하자 다른 공작원들과는 달리 그는 홀로 투항하여 살아남는다. 그는 사상 전향한 후, 현재 개신교 목사로 활동하고 있다

4. 1968년 1월 23일, 미 해군 소속 정찰함이었던 푸에블로호가 동해 앞바다에서 북한 해군에 의해 나포된다. 이는 미국의 군함이 다른 나라에 피랍되는 첫 사례였으며, 현재에도 미국에 반환되지 않고 북한 대동강변에 전시된 상태로 있다. 당시 대통령 선거를 앞두고 있던 미국의 존슨 대통령은 여론의 악재로 작용할 것을 우려해 급히 대한민국으로 특사를 파견하나 실효를 거두지 못한다. 게다가 미국은 베트남 전쟁에서조차 불리하게 돌아가고 있었기에 북한과의 전면전 역시 불가능했다. 결국, 미국은 북한 영해 침공 및 첩보 활동 행위를 인정함으로써 북한에 붙잡혔던 포로 송환 문제를 해결할 수 있었다.

5. 주사(主事), 사무를 주관하는 사람으로 일반직 6급 공무원의 직급을 의미한다. 최규하는 최종 결정권을 가진 대통령임에도 신군부의 눈치를 보며 그들이 시키는 대로 하는 공무원의 역할에서 벗어나질 못한다. 최주사는 그런 의미에서 붙여진 당시 그의 별명이다.

PART III : 하야
'그는 비겁했다.'

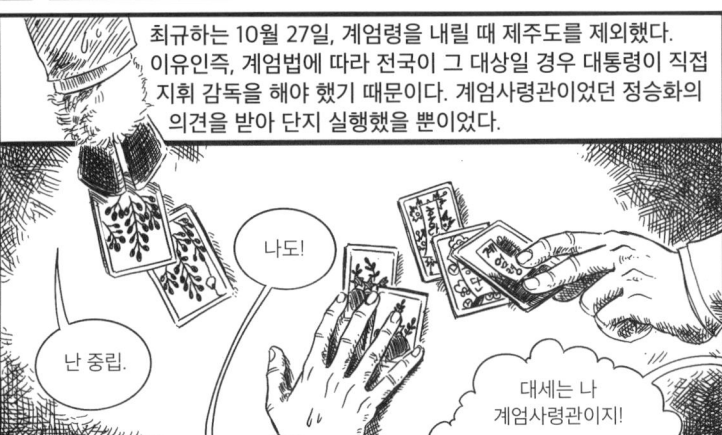

6. 육군 보안사령부는 군의 방첩 업무를 담당하는 정보기관으로 국가 기밀을 취급한다. 군부 시절, 중앙정보부와 함께 우리나라 양대 권력 기관으로 무소불위의 권력을 행사했다. 12·12 쿠데타를 성공시킨 전두환은 두 권력 기관을 장악하면서 사실상 최고 권력의 발판을 마련하게 된다. 참고로, 그가 중앙정보부장 서리에 임명된 이유는 법적으로 겸직이 불가했기 때문에 사용된 편법이었다.

7. 사북 사건은 1980년 4월 21일부터 4월 24일까지, 강원도 정선군 사북읍에 위치한 동원탄좌 소속 탄광노동자들이 저임금과 어용노조 등에 분노하여 일으킨 노동자 투쟁이었다. 그러나 12·12 쿠데타로 군부를 장악한 전두환은 정권을 탈취하기 위한 명분을 찾고자 사회 혼란을 증폭시킬 목적으로 사북사태를 악용한다. 이후 5·18 광주 역시 같은 목적으로 전두환에 의해 조작된다.

5.18은 전두환편에서

땔감 더 가져와!!

광주

그 사이 전두환은 광주를 희생 삼아 권좌에 오르는 계획을 실행에 옮긴다. 1980년 5월 18일, 광주의 비극이 시작된 것이다.

일시적인 흥분과 격분에 총을 든 시민 여러분 늦지 않았으니 집으로 돌아가 주시기 바랍니다.

순방 일정을 마치고 돌아온 최규하는 전두환의 요구에 따라 비상계엄을 선포하고, 신군부가 마련한 각본에 따라 광주 담화문을 읽어내려 간다.

광주가 진압된 뒤 최규하는 전두환의 요구에 따라 '국가보위비상대책위원회(국보위)[8]'를 설치하고 그의 어깨 위에 대장 계급장을 달아준다.

…

게다가 국보위가 국회를 해산하며 삼권(입법, 사법, 행정)을 모두 장악한다. 최규하는 봐도 못 본 척 허수아비 대통령 직위를 이어갈 뿐이었다.

1980년 8월 16일, 최규하는 결국 하야 성명을 발표한다. 그는 세 번째 하야 대통령이 된다.

합법적인 절차에 따라 정부를 계승권 자에게 이양합니다.

이후 최규하는 국정자문회의 의장으로 전두환 정권을 보좌하는 권력의 하수인이 된다. 그렇게 그는 끝까지 비겁했다.

침묵만이 여생을 편안히 지낼 수 있는 유일한 길.

8. 국가보위비상대책위원회(국보위)는 12·12 쿠데타로 군 권력을 잡은 신군부가 1980년 5월 17일, 계엄령을 이용해 정부 내각을 접수한 뒤 세운 임시 행정 기구다. 5·16 쿠데타 이후 박정희가 국가재건최고회의를 만들어 국가 권력을 잡았던 것을 본떠 흉내 낸 전두환의 얄팍한 술수였다.

선함과 청렴은 최규하가 지닌 좋은 품성이었다.
그러나 이것은 책임자가 지녀야 할 능력이기보다 수행자에 어울릴 법한 자질이었다.

그는 안정을 바랐다.
그리고 자신을 보호해줄 권위와 힘에 순응했다.

대통령은 결코 순종하는 자리가 아니다.

1988년, 최규하는 5공 비리특별위원회로부터 증언 요청을 받았으나 비겁하게 침묵으로 일관한다.
1995년, 김영삼 정부 시절, 내란 및 군사 반란 혐의로 기소된 전두환의 법정 증인으로 출석했을 때도 비겁하게 침묵으로 끝까지 증언을 거부한다.
2006년, 최규하는 88세의 나이로 자택에서 조용히 생을 마감한다.

전두환(全斗煥)

1931년 1월 18일 ~ 2021년 11월 23일

재임기간 : 1980년 9월 1일 ~ 1988년 2월 24일

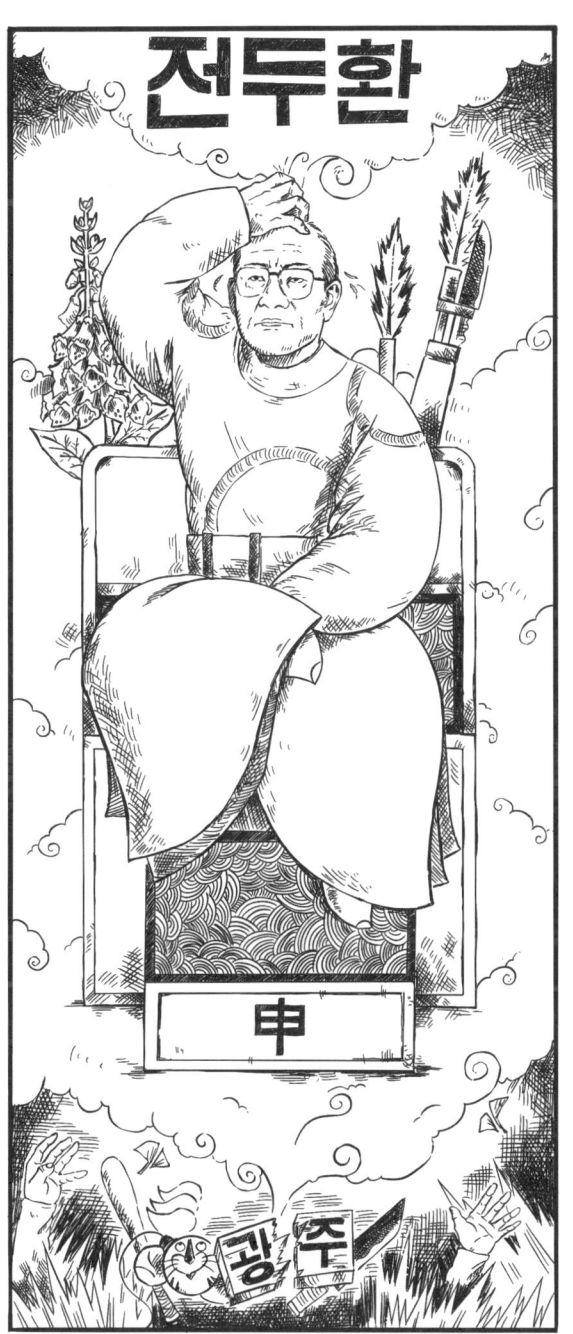

PART I : 하나회
'그는 두목이었다.'

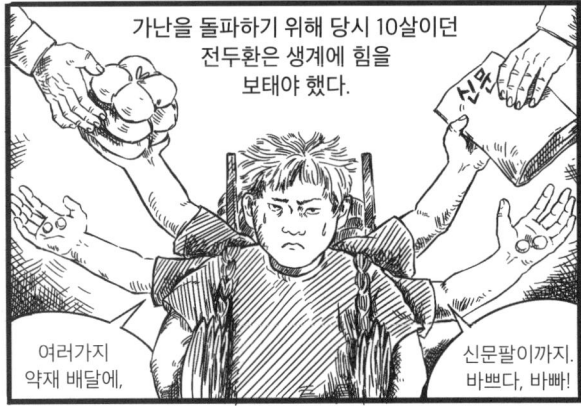

1. 오성회는 육군사관학교 11기를 중심으로 전두환, 노태우, 김복동, 박병화, 최성택이 만든 사조직이자 하나회의 효시다.

2. 1961년 5·16 쿠데타가 발발할 당시 전두환은 서울대 ROTC 교관으로 파견 근무 중이었다. 그는 5·16 쿠데타에 직접 참여하지는 않았지만, 5월 17일에 곧바로 쿠데타 지지 선언을 한 뒤, 육군사관학교로 가 육사 생도를 설득하여 동대문에서 시청 광장까지 거리 행진을 벌인다. 이는 전두환이 박정희의 신임을 얻는 계기가 된다.

3. 1979년 10·26 사건 이전 합동수사본부에 관한 계획은 보안사령관에 임명된 전두환에 의해 이미 구상을 마친 상태였다. 한마디로 전두환은 비상사태를 대비한 자신만의 온전한 계획을 세웠고, 뜻밖의 10·26 사건이 터지자 수사를 명분으로 자신이 계획했던 보안사 중심의 합동수사본부를 순발력 있게 설치한다. 전두환은 누구도 예상하지 못한 혼란한 상황 속에서 합동수사본부를 이용해 권력 장악의 발판을 마련하게 된다.

PART II : 5·18 광주민주항쟁
'그는 치밀했다.'

1980년, 군권을 완전히 장악한 전두환은 5월 17일 24시를 기점으로 비상계엄을 전국으로 확대한다. 어떠한 명분도 없었다.

"우리 각하께서 명분은 만드는 거라고 하셨지."

전두환은 국회를 장악한 뒤, 야당의 대표 정치인 3김을 죄다 잡아들인 다음 정치인들의 모든 활동을 금지했다.

"야당 총수로 자택 연금."
"내란 음모 혐의로 구속."
"부정 축재자로 구속."

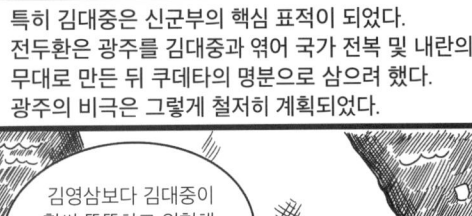

특히 김대중은 신군부의 핵심 표적이 되었다. 전두환은 광주를 김대중과 엮어 국가 전복 및 내란의 무대로 만든 뒤 쿠데타의 명분으로 삼으려 했다. 광주의 비극은 그렇게 철저히 계획되었다.

"김영삼보다 김대중이 훨씬 똑똑하고 위험해. 박정희 각하께서도 골치가 아팠다고."

"광주라, 지역감정을 이용하면서 동시에 고립시킬 수 있는 최적의 장소군."

1980년 5월 18일, 별도로 준비된 공수부대는 광주에 투입돼 명령을 기다렸다.

"작전명은 '화려한 휴가'다. 현재 빨갱이 무리에 점령된 광주를 탈환한다."

"다들 화려하게 몸 좀 풀어보도록!"

그들의 임무는 광주 전체를 피의 도시로 만드는 것이었다.

"수개월 지옥 같은 훈련에 대한 보상인가?"

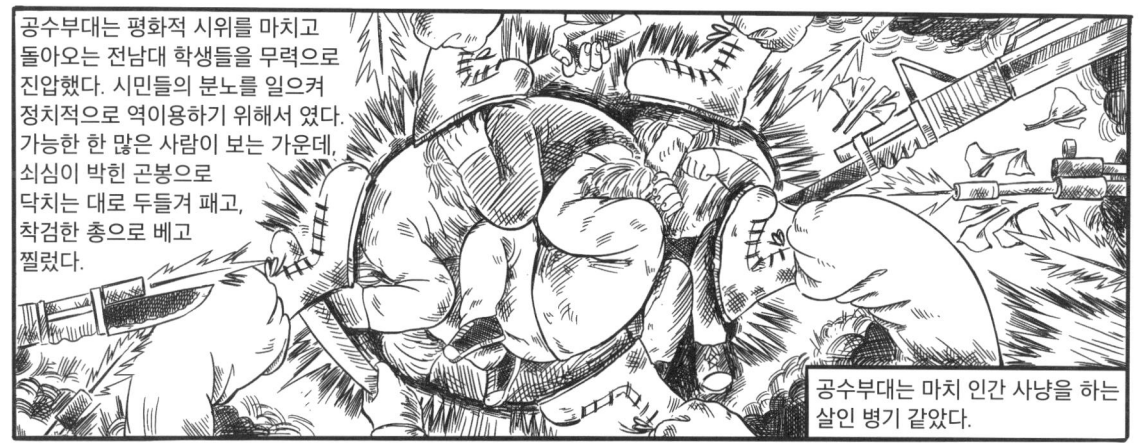

공수부대는 평화적 시위를 마치고 돌아오는 전남대 학생들을 무력으로 진압했다. 시민들의 분노를 일으켜 정치적으로 역이용하기 위해서였다. 가능한 한 많은 사람이 보는 가운데, 쇠심이 박힌 곤봉으로 닥치는 대로 두들겨 패고, 착검한 총으로 베고 찔렀다.

공수부대는 마치 인간 사냥을 하는 살인 병기 같았다.

또한, 전두환은 광주로 들어가는 모든 길목뿐만 아니라 통신마저 차단했다. 광주는 지옥의 섬이 되었다.

게다가 새로운 권력에 바짝 엎드린 언론은 연일 광주를 폭도로 규정하며 전두환의 계획을 받아 배포했다.

고립된 광주 시민들은 스스로 가족을 지켜야 했다. 먼저, 그들은 시민군을 조직해 경계와 치안을 유지했다.

만약 우리가 저들에게 투항하면 우리는 폭도로 역사에 기록될 것입니다!!

그리고 투사회보를 만들어 항쟁의 정당성을 공명하며 시민궐기대회를 개최해 민주주의에 대한 열망을 표출했다. 그들은 코뮌[4]이었다.

다들 밥들 잘 챙겨 먹고 힘내자구!

4. 코뮌(Comune), 중세 이탈리아에서 시작된 각 지방의 자치 공동체를 가리키는 용어. 1980년 당시 광주는 전두환이 이끄는 군부에 의해 고립된다. 이에 광주 시민들은 자발적 자치 공동체를 세운 뒤 군부의 폭압에 저항한다.

5. 국가보위비상대책위원회(국보위), 1980년에 전두환이 정치권력을 장악하기 위해 세운 대통령 자문기구 형식의 임시 행정기구이다. 12·12 쿠데타로 군권을 장악한 전두환은 허수아비 대통령이었던 최규하를 위원장으로 내세우고, 자신 스스로가 상임위원장이 되어 실질적인 국가 권력을 행사하게 된다.

6. 1972년, 박정희는 평화 통일을 주체적으로 실현한다는 명분 아래 유신 헌법을 제정한 뒤 권력을 독점하기 위한 국가 기구로서 통일주체국민회의를 설치한다. 통일주체국민회의는 대통령과 유신정우회라 불리는 국회의원(국회의원의 삼분의 일)을 선출하며, 헌법의 최종안을 의결할 수 있는 막강한 권력을 가진다. 통일주체국민회의를 통해 8대·9대 박정희, 10대 최규하, 11대 전두환이 통일주체국민회의의 간접 선거에 따라 대통령에 오른다.

전두환은 서둘러 헌법을 개정한다. 골자는 간접선거를 유지하되 임기를 7년 단임제로 하는 헌법이다.

한 사람이 독재를 한다는 인상을 주어서는 안 돼!

유신헌법의 6년 연임을 폐기하고 7년 단임으로 개정.

선거 방식은 간접선거를 그대로 유지.

'통일주체국민회의'는 폐기하고,

대신, 미국 방식인 '대통령 선거인단'으로 수정.

그리고 전두환은 정치 활동 규제를 강화한 뒤 일당 독재의 기반인 민주정의당을 창당한다.

우리당은 정의 사회 구현을 목표로 한다.

우린 2중대 민한당(민주한국당).

우린 1대대 민정당(민주정의당).

우린 3소대 국민당(한국국민당).

게다가 전두환의 기획은 치밀했다. 민주주의 선거의 구색을 갖추기 위해 관제 야당을 창당하는 꾀까지 부린다.
그 결과 1981년 2월, 전두환은 신헌법에 따라 제12대 대통령으로 당선되면서 5공화국의 문을 열게 된다.

더 나아가 한 달 뒤 치러진 제11대 국회의원 선거에서도 총 276석 중 민정당 151석, 민한당 81석, 국민당 25석을 차지해 독재의 기틀을 확고히 구축한다.

시련으로 얼룩졌던 구시대를 청산하고 창조와 개혁과 발전의 기치 아래 새 시대를 꽃피우는…

두목이 되고자 했던 그는 치밀했다.

PART III : 6·10 민주화 운동
'그는 뻔뻔했다.'

7. 전두환 정권 시절, 저녁 9시 텔레비전 뉴스가 시작될 때면 9시를 알리는 시계 소리 '땡'과 함께 "전두환 대통령 각하께서는~"으로 시작하는 화면이 등장한다. 땡전 뉴스는 당시 정권에 고개를 조아리던 KBS, MBC 뉴스를 속되게 표현한 것이다.

8. 전두환은 사회를 정화한다는 목적으로 1980년 8월부터 1981년 1월까지 군부대 내 삼청교육대를 설치한 뒤 각 경찰서에 할당량을 내려보낸다. 경찰은 할당량을 채우기 위해 어떠한 행정적 사법적 절차 없이 무고한 시민들마저 마구잡이로 잡아들인다. 이 기간 동안 6만여 명이 검거되었고 그들 중에는 하교하던 학생도 있었다. 삼청교육대에 끌려간 사람 중 가혹행위로 인해 339명이 사망했고, 2천 7백여 명에 달하는 사람이 장애를 입게 된다.

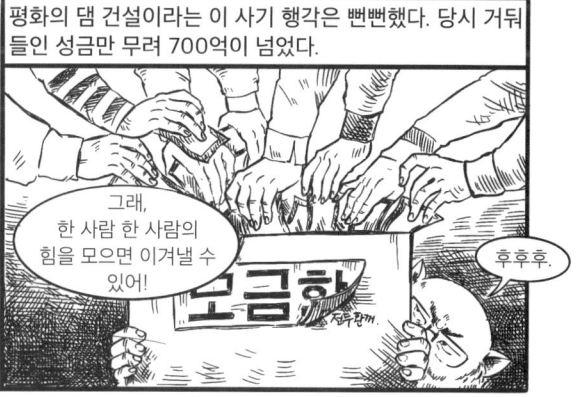

9. 1986년, 전두환은 대통령 직선제 개헌에 대한 국민적 요구가 거세지자, 국민의 정치적 관심을 돌리기 위한 방책으로써 대국민 사기극을 계획한다. 즉, 북한이 금강산댐을 건설해 200억 톤의 물을 방출할 경우 남한 사회는 물바다가 된다는 시나리오를 TV 시뮬레이션까지 보여주며 공포 분위기의 여론을 조성한다. 그리고 그 대책으로 평화의 댐을 건설 방안을 내놓으며 국민을 상대로 성금을 거둬들인다. 그러나 1993년, 김영삼 정부의 국정감사를 통해 금강산댐-평화의 댐은 대국민 사기극이었으며, 국민이 모금한 성금마저 시국 전환용으로 사용된 사실이 밝혀진다.

10. 박종철(1965년~1987년), 1987년에 서울대학교 언어학과 학생회장이었던 그는 치안본부 대공분실로 연행된다. 민주화 운동으로 수배 중이던 그의 선배 박종운을 잡기 위해서였다. 그는 대공수사단 남영동 분실 509호에서 조사를 받던 중 물고문과 전기 고문에 의해 사망한다. 이 사건을 은폐하려던 경찰의 만행이 온 천하에 알려지면서 1987년 6·10 민주화 운동의 스모킹건이 된다.

11. 1986년, 전두환 정권의 임기 말을 앞두고 각계각층에서 대통령 직선제를 요구하는 민주화 운동이 거세지자, 여야 만장일치로 헌법개정특별위원회를 발족시킨다. 그러나 정권 유지에 불안을 느낀 전두환은 이듬해 4월 13일 모든 개헌 논의를 금지하고, 기존 헌법인 간선제를 그대로 유지하는 조치를 단행한다.

12. 1987년, 민주화 운동의 범국민적 집결체로서 야당이었던 통일민주당을 중심으로 재야 세력, 종교계, 학생운동 조직 등이 연합을 이루어 6·10 민주화 운동을 이끈 정치적 구심체이다.

13. 이한열(1966년~1987년), 박종철에 이어 6·10 민주화 운동의 상징적인 인물이다. 연세대학교 경영학과를 다니던 그는 1987년 6·10 민주화 운동을 하루 앞둔 6월 9일 연세인 결의대회에서 전경이 쏜 최루탄에 맞고 사망한다. 그의 죽음은 6·10 민주 항쟁의 도화선이 되었고, 7월 9일 그의 장례식을 끝으로 6·10 민주화 운동이 끝을 맺게 된다.

40년이 지난 오늘날까지도 5·18 광주민주화운동의 진실은 가려진 채 책임자 처벌은 전혀 이루어지지 않았다. 뻔뻔한 전두환은 최후까지 그 입을 다물었다.
과연, 역사는 그를 심판한 것인가?

전두환은 1997년, 뇌물수수 및 부정축재에 대한 처벌로 2,205억원의 추징금을 선고받았으나, 뻔뻔하게도 잔고 29만원의 통장을 내민다. 추징금은 절반 정도 회수되나 그는 끝까지 치밀했고, 뻔뻔했다.

일제 강점기, 4·19 혁명, 두번의 군부 쿠데타는 끔찍한 피의 역사다. 1987년 6·10 민주 항쟁으로 꽃피는 봄이 올 줄 알았으나 비극의 역사는 멈추지 않았다.

2021년 11월 23일, 전두환은 연희동 자택 화장실에서 사망한다. 그의 나이 90세였다. 그 어떤 누가 그가 하루라도 더 살았으면 하는 바람으로 그의 곁을 지키려 했겠는가?
그의 장례는 조용히 가족장으로 치러졌다.

노태우(盧泰愚)

1932년 8월 17일 ~ 2021년 10월 26일

재임기간 : 1988년 2월 25일~1993년 2월 24일

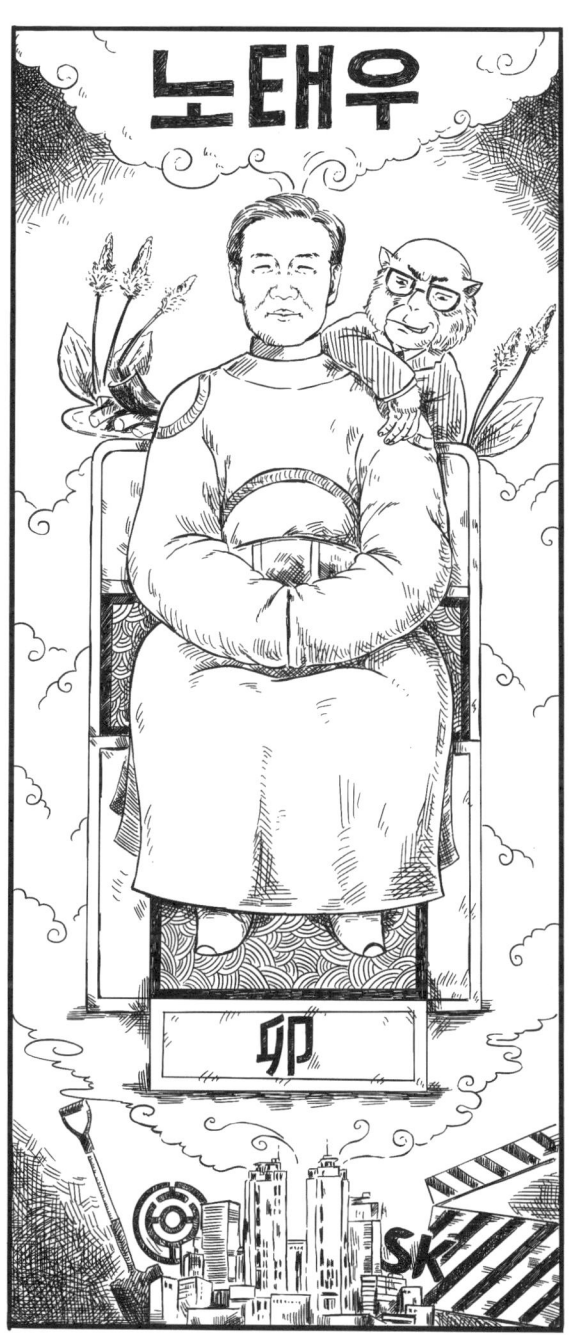

보통 사람
그는 연기에 능했다.

"여기 떡볶이 맛있네! 난 서민 입맛!"

3당 합당
그는 잔꾀가 많았다.

신도시
그는 땅파기 선수였다.

PART I : 보통 사람
'그는 연기에 능했다.'

노태우의 태몽엔 구렁이가 출현했다. 할아버지는 구렁이가 상징하는 용을 이름에 붙여, 태용이라 짓고 싶었으나 일제 강점기인 터라 '용(龍)' 대신 '우(愚)'를 썼다. 할아버지는 어리석을 정도로 몸을 낮춰야 안녕을 지킬 수 있다고 믿었다.

눈에 띄어서는 안 돼. 속마음을 숨기는 것이 이 시대에 살아남는 법.

그의 어머니 김태향은 산에서 구렁이에 물린 채 집까지 걸어오게 되는 태몽을 꾸게 된다.

생존의 위협은 일찍 도래했다. 노태우가 6살이던 1938년, 면서기였던 그의 아버지가 불의의 교통사고로 죽게 되면서 가세가 급속히 기운다.

무슨 일이지?
아버지는?

그는 유품으로 남겨진 아버지의 통소를 익히며 상실의 슬픔을 달랬지만 가난은 견디기 힘들었다.

배고프니, 통소 불 힘도 없다. 오늘따라 아버지의 얼굴도 희미하네.

그러나 남몰래 울던 어머니를 지키기 위해 어린 노태우는 늘 밝게 보이려 애썼다.

할아버지께서 내 이름에 새겨놓았듯 속마음을 겉으로 드러내서는 안 돼. 슬퍼도 꾹 참고 웃는 거야.

통소 연주는 지독한 가난의 유일한 벗이었다.

1. 1987년 11월 29일, 직선제로 치러지는 제13대 대통령 선거를 2주 앞두고 이라크 사담 국제공항에서 출발한 대한항공 보잉 707 여객기가 미얀마 앞바다에서 공중 폭파 테러를 당해 탑승자 전원 사망하는 사건이 발생한다. 당시 전두환 정부는 북한의 소행임을 내세우며 범인으로 검거된 북한 특수공작원 김현희를 대선 전날 일본에서 압송하는 장면을 대대적으로 생중계한다. 이는 안보 불안을 조장해 대선 정국을 유리하게 바꿔놓으려는 군부의 전략으로써 노태우 당선에 큰 영향을 미쳤다.

PART II : 삼당 합당
'그는 잔꾀가 많았다.'

대선 직후 실시된 제13대 총선에서 노태우는 과반을 얻지 못한다. 여소야대의 위기 국면을 맞았다. 국회 주도권을 장악한 야당은 청문회법[2]을 통과시키고, 5·18 광주민주화운동 진상조사 특위와 5공 비리 조사 특위를 만들어 노태우를 압박했다.

분열로 대권은 내줬지만, 총선만큼은 안된다. 신군부 세력들을 심판하자!

세를 불리는 방법 이외엔 살아남을 방법이 없군.

돌파구가 필요했던 노태우는 시간을 벌기 위해 꾀를 부린다. 마침 다가오는 서울 올림픽을 핑계로 슬쩍 국면 전환을 도모한다.

5·18 광주진상 조사

5공비리조사

설마 대통령인 나까지 증인으로 출석시키진 않겠지?

배신자!!

올림픽에 야당이 협조하면 5공 청산 문제를 당신들에게 넘기겠소!

5공청산

올림픽 효과는 유효했다. 노태우의 바람대로 지지율은 반등했지만 5공 청문회를 피해 갈 순 없었다. 5공은 다섯 번째 공화정 체제를 지낸 전두환 시대를 뜻한다.

1988년 11월 2일, 최초 청문회가 열린다. 이슈는 5공 비리와 5·18 광주 진상조사다. 5공 관련 인사들이 줄줄이 소환된다.

국가안전기획 부장이셨죠? 그런데 어떤 정치자금이 합법적인지 불법적인지도 모릅니까?

법은 알지만 법률의 세부는 잘 모릅니다.

저게 말이야 방구야?!! 사람이 우습나?

청문회 스타 노무현

장세동

방송사는 5공 청문회를 생중계하며 국민의 이목을 집중시켰다. 그러나 안하무인 자세로 나오는 5공 증인들의 모습에 국민은 분노했다.

2. 1988년, 제13대 국회의원 선거로 여소야대의 정국이 형성된다. 야당은 청문회법을 제정한 뒤 전두환 정권(5공화국)에서 자행된 각종 비리와 관련된 사안을 조사하기 위해 특별 위원회를 만들어 청문회를 야심차게 진행한다. 청문회 주요 사안으로는 일해재단 비리, 광주민주화운동 진상조사, 언론기관통폐합 문제 등에 관한 것으로 국민적 관심 또한 대단히 높았다. 당시 청문회는 텔레비전을 통해 생중계 되었는데, 시청률이 80%대를 기록할 정도로 대다수 국민이 지켜보는 가운데 진행된다.

3. 백담사는 강원도 인제군 설악산 기슭에 자리한 유서 깊은 사찰이다. 만해 한용운이 머물며 집필했던 곳이며, 5공 청문회를 잠시 피하고자 전두환 부부가 찾은 곳으로 유명해진다.

4. 노태우는 제13대 대통령 선거 공약으로 중간평가를 내건다. 집권 위기 때 사용할 예비 전략 카드였다. 1989년, 올림픽을 무사히 마친 노태우는 여소야대의 불리한 정치 상황을 타개하고자 '중간평가' 카드를 꺼내 든다. 올림픽이 가져다 준 긍정적 효과로 재신임에 자신 있던 노태우였지만 청문회가 아직 끝나지 않은 상황인 터라 역풍을 맞을 가능성도 있었다. 그런데 뜻밖에도 중간평가를 두고 김대중과 김영삼이 또다시 주도권 싸움을 벌인다. 결정적인 순간마다 분열로 대의를 그르쳤던 양김은 노태우가 정치적 위기에서 벗어날 수 있는 기회를 제공하게 된다.

5. 1989년 4월, 강원도 동해시에서는 국회의원 보궐선거(재선거)가 진행된다. 당시 김영삼이 이끌던 통일민주당의 사무총장 서석재가 자기 당의 후보를 당선시키기 위해 김종필이 이끌던 신민주공화당의 후보를 돈으로 매수한 사건이 일어난다. 여기에 김영삼이 연루되었다는 정황마저 포착되면서 김영삼은 정치적 위기에 직면하게 된다. 이 사건으로 정치적 약점을 잡힌 김영삼은 1990년 1월, 노태우가 추진한 '3당 합당'에 서명하게 된다.

6. 1988년 8월, 평화민주당 소속 서경원 의원은 극비에 2박 3일간 방북길에 오른다. 목적은 대남방송 중단, 서울올림픽 참가, 김수환 추기경 초청 등을 요청하기 위함이었다. 그 후 1989년 3월부터 황석영, 문익환, 임수경으로 이어지는 방북 사건으로 인해 공안 정국이 고조되는 상황 속에서 김대중은 서경원의 방북 사실을 알게 된다. 이에 김대중은 정치적 약점을 잡히지 않기 위해 서둘러 서경원의 자수를 지시하나 상황은 이미 국가보안법 위반(불고지죄) 혐의로 김대중을 압박하게 된다. 김대중마저 정치적 위기에 놓이게 되면서 1988년에 야심 차게 닻을 올렸던 5공 비리 청문회는 별다른 성과 없이 흐지부지 끝나게 된다.

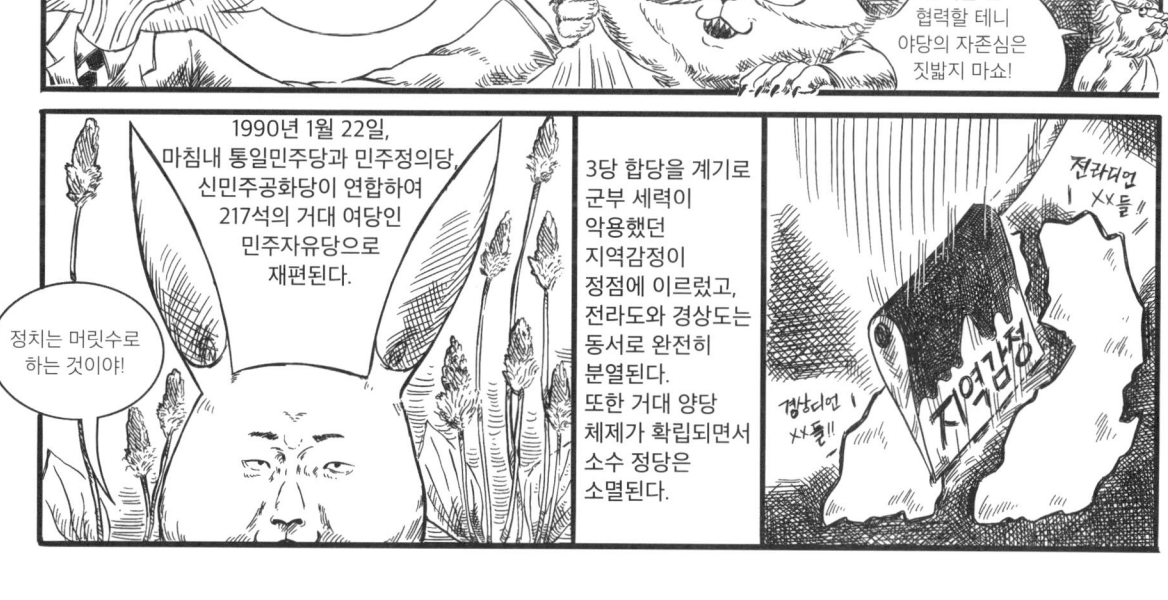

PART III : 신도시
'그는 땅파기 선수다.'

대선 구호였던 '보통 사람들의 위대한 시대'는 중산층을 노린 노태우의 전략이다. 핵심 전략은 '내 집 마련의 꿈'이다.

내 집 마련 = 욕망의 블랙홀로 만드는 거야!

중산층이라…. 그들의 욕구만 잘 채워주면 미래의 지지층으로 만들 수 있겠군.

당시 우리나라는 올림픽을 기점으로 서울 인구 천만을 넘기며 주택 수요의 한계를 훌쩍 넘긴 상태였다. 게다가 3저 호황[7]의 특수로 여유 자금을 가진 사람들이 많아지면서 투기 열풍은 확대되었고 부동산 가격은 폭등했다.

부동산 투기는 서민들의 내 집 마련의 꿈을 포기하게 만들었다.
이때부터 부동산은 대한민국 사회의 고질적인 질병이 되었다.

돈을 모아 집을 장만한다는 건 불가능해.

부동산 문제가 커지고 있었음에도 노태우는 서울 근교 5대 신도시[8]에 주택 200만호 공급 계획을 발표한다.

내 주특기는 바로 땅 파기.

---

7. 3저 호황이란 1986년부터 1989년까지 일어난 세계 경제 흐름으로 저달러, 저유가, 저금리 현상을 일컫는다. 당시 우리나라를 포함한 동남아시아 개발도상 국가들은 3저 현상으로 인해 경제 호황을 누린다.

8. 1988년, 서울올림픽 개최와 3저 호황으로 인한 여유 자금이 부동산으로 몰리면서 서울 집값이 천정부지로 치솟는다. 이에 노태우 정부는 집값을 안정화시키기 위한 정책으로 신도시 개발을 통한 주택 공급 계획을 세운다. 1기 신도시로 중동, 평촌, 산본, 분당, 일산 위에 거대 아파트 단지가 세워진다.

노태우, 그는 신군부 5공 세력의 핵심이었다. 그의 온화한 미소 뒤에 숨겨진 폭력성은 깊다.

3당 합당으로 뿌리내린 양당 체제는 풀뿌리 민주주의까지 퇴행시켰다. 소수당은 소멸했고 민생을 살피는 정치는 축구 경기처럼 승자독식의 체계로 가는 문을 열었다.

그리고 대한민국을 세계 유일한 아파트 사회로 변모시켜 우리의 육체와 영혼까지 갈아 넣게 만들었다.

노태우는 소뇌위축증을 앓았으며, 외부와의 모든 접촉을 끊은 채 고립된 생활을 이어갔다. 그는 휠체어에서 말년을 보내다 2021년 10월 26일 88세의 일기로 서울대병원에서 죽었다. 연기에 능했고, 잔꾀가 많았으며, 땅 파기를 좋아했던 그의 성향은 우리들의 무의식 속에 살짝 녹아있다.

김영삼(金泳三)

1929년 1월 14일 ~ 2015년 11월 22일

재임기간 : 1993년 2월 25일 ~ 1998년 2월 24일

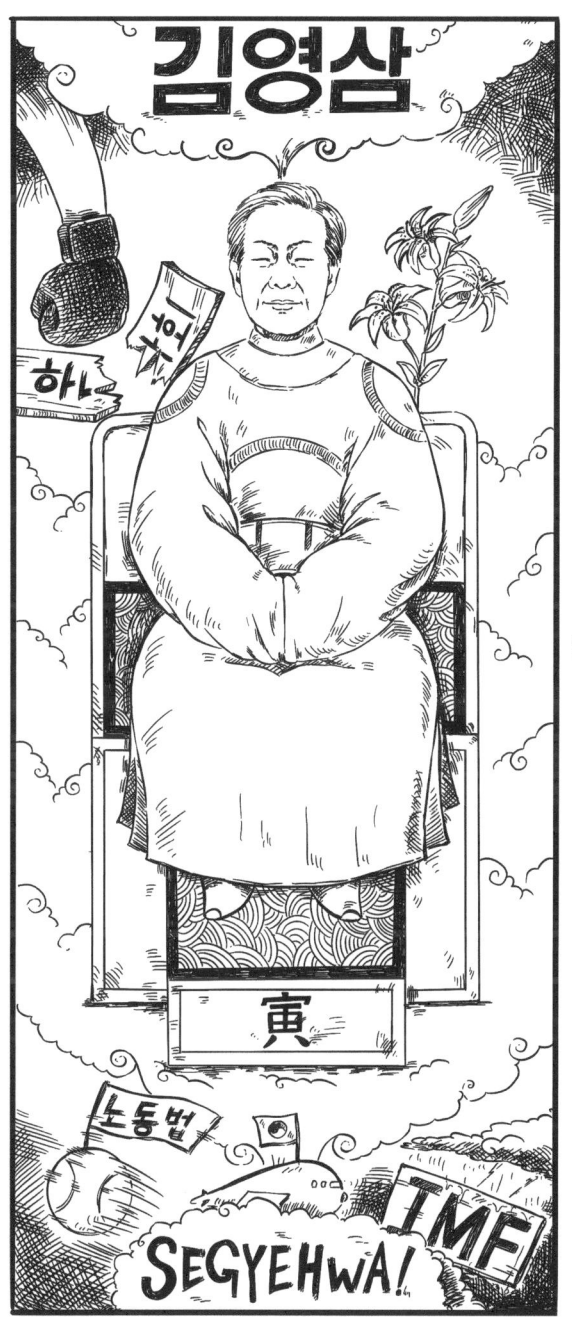

PART I : 민주투사
'그는 승부사였다.'

1. 장택상(1893년~1969년)은 청년 김영삼의 정계 진출을 이끈 결정적인 역할을 한다. 그는 해방 이후 미군정 치하에서 수도경찰청장을 역임하며, 좌익 및 중도파에 대한 탄압을 주도했고 악질 고문 경찰 노덕술과 같은 친일 경찰을 총애했던 수구적인 인물이다. 초대 이승만 정부에서 외무부 장관에 임명되었고, 외무부가 주관하는 웅변대회에 출전한 김영삼이 외무부 장관상을 받으면서 인연을 맺게 된다.

2. 1969년, 김영삼은 박정희 정권의 3선 개헌을 반대하는 중심에 서 있었다. 김영삼이 의정활동을 마치고 밤늦게 귀가하던 중 상도동 자택 어귀에서 청년 3명이 마치 싸움을 벌이는 시늉을 하며 그가 타고 있던 차량의 운행을 막아선다. 그러던 중 한 명의 청년이 김영삼 차량으로 접근, 차량의 문을 열고자 시도한다. 다행히 문은 잠겨 있었고 위기를 직감한 김영삼은 운전사에게 빨리 속력을 내서 탈출하라고 지시한다. 그러자 청년은 주머니 속에 있던 액체가 담긴 병을 차량을 향해 던진다. 그 액체는 차량의 페인트가 벗겨지고 심한 악취가 날 정도의 강초산이었다. 현장에서 범인을 잡지 못해 사건의 원인을 밝히지 못했으나 국내 정치의 상황으로 볼 때 군부 독재를 이어가려는 박정희 정권이 자행한 정치 테러일 가능성이 높다.

[개혁 2]
하나회 척결
12·12 군사반란 이후 군권을 완전히 장악한 하나회는 그 누구도 통제할 수 없는 정치세력이었다.

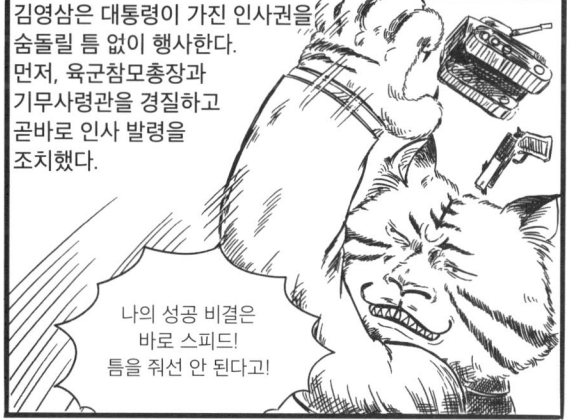

PART III : IMF
'그는 무지했다.'

3. 우루과이 라운드는 1986년, 남미 우루과이에서 개최된 관세 및 무역에 관한 국가 간의 협상으로, 1994년이 되어서야 협상안이 체결되고 그 결과로 WTO(세계무역기구)가 탄생하게 된다. 당시 가장 첨예했던 의제는 농산물에 대한 국가 간 자유 무역이었다. 우리나라 역시 농산물 개방의 문제를 두고 사회적 갈등이 첨예한 문제로 대두된다. 1992년, 김영삼은 제14대 대통령 선거 공약으로 농산물 개방은 절대 없을 것이라며 확신에 찬 결기로 농민들의 마음을 안심시킨다. 그러나 1993년, 대통령에 오른 김영삼은 냉혹한 국제 질서 속에서 살아남을 방법은 우루과이 라운드에 참여하는 것이 현실임을 깨닫고 농산물 개방을 추진하게 된다.

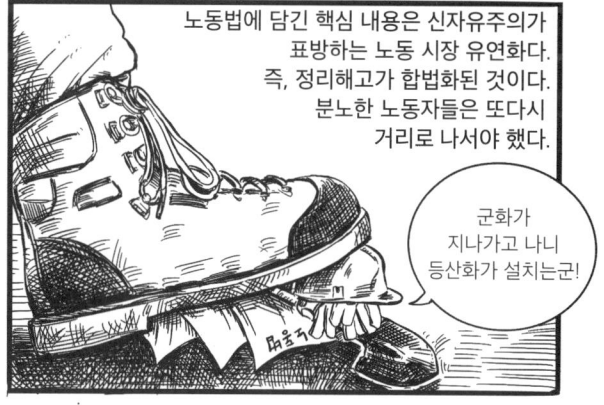

4. WTO는 세계무역기구로 우루과이 라운드 협상안의 결과에 따라 1995년 1월 1일, 미국의 주도하에 출범한다. WTO의 목표는 세계를 단일 경제 블록으로 만들어 모든 무역의 규제를 줄여나감으로써 미국 중심의 자유 무역을 완성하는 것이다. 우리나라 역시 1995년, WTO에 가입함으로써 미국 중심의 신자유주의적 세계 경제 흐름에 편입한다.

5. 1970년대 미국은 베트남 전쟁의 패배, 중동에서 날아온 오일 쇼크, 국내 제조업의 붕괴로 정치·경제적 패권이 흔들리는 위기를 겪게 된다. 이 위기를 타개하기 위해 등장한 레이거노믹스는 작은 정부를 기반으로 정부의 규제 철폐 및 공공부문의 민영화를 골자로 한 신자유주의 정책들을 추진하며 세계 단일 경제권의 자유 무역 시대로 나아간다. 그 결과 WTO가 만들어지고, 국가 간 FTA가 체결된다. 또한, 미국은 세계 경제 패권을 이어가고자 상품 중심의 자본주의에서 금융 자본주의로 산업 구조를 재편한 가운데 금융시장의 세계화를 추진한다. 이런 미국의 패권적 전략에 우리나라는 1997년, IMF 사태를 겪게 된다.

6. 경제협력개발기구(OECD)는 경제협력 및 개발원조에 대한 국제기구로 일명 선진국 클럽이라고 불린다. 현재 38개의 회원국이 가입되어 있으며, 우리나라는 1996년 12월 12일에 가입한다.

무지한 김영삼의 자본 시장 개방은 결국 비극을 몰고 왔다. 1997년 1월, 한보 철강의 부도를 시작으로 대마불사로 여겨졌던 금융회사와 재벌 기업들이 줄줄이 도산하며 외환 위기를 맞는다. 그리고 그해 11월 결국 우리나라는 IMF(국제통화기금)[7]에게 구제 금융을 신청한다.

그러나 속수무책으로 IMF에 끌려갈 수밖에 없던 이유는 무엇이었을까? 한보 철강의 사례가 이를 증언한다.

첫째, 기업의 무분별한 차입경영이다. 금융과 자본 시장이 개방된 이후 기업은 국내외 할 것 없이 자본을 최대한 끌어다 몸집을 불린다.

둘째, 정경 유착이다. 금융 감독을 책임져야 했던 정부는 기업의 로비로 인해 눈이 멀어 있었다. 그 중심에는 김영삼의 측근들도 득실거렸다.

---

7. 국제통화기금(IMF), 제2차 세계대전 이후 정치적·경제적 패권을 장악한 미국은 1945년에 브레턴우즈 체제(달러를 기축 통화로 한 금본위제를 채택한 체제)를 출범시킨다. 그리고 달러를 원활하게 유통시키고자 그 보조적인 역할로 달러 중심의 세계은행과 함께 국제통화기금(IMF)를 창설한다. IMF의 역할은 국가 간에 조성된 기금을 가지고 구제 금융을 신청한 국가에 재정 지원을 한다. 대신 그 국가는 IMF가 제시하는 경제 제재에 순응해야 한다. 1997년, 동남아시아에서 시작된 금융 위기로 인해 우리나라 역시 외화보유고가 바닥나면서 IMF에 구제 금융을 신청하게 된다. 이후 우리나라는 IMF의 강도 높은 경제 제재에 따라 신자유주의적 경제 체제로 완벽히 전환하게 된다.

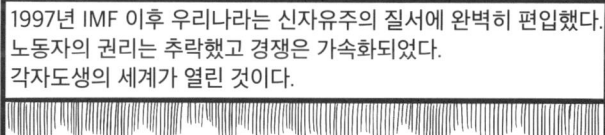

김영삼은 독재에 항거한 민주투사이며, 승부사였다. 하나회 청산으로 오래된 군부 독재를 끝장냈다.

그러나 무지한 김영삼은 IMF 사태를 불러왔고, 도래할 듯 보였던 서울의 봄은 꽃을 피우지 못했다.

영화 <국가 부도의 날> 마지막 장면에 아버지가 아들에게 전하는 대사는 우리들의 오늘을 은유한다.

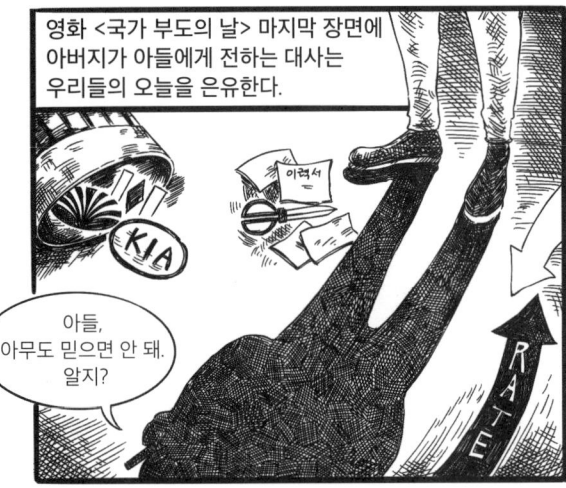

"아들, 아무도 믿으면 안 돼. 알지?"

건강에 그토록 자신하던 김영삼도 세월의 무게를 꺾을 수는 없었다. 뇌졸중으로 거동이 어려워진 그는 죽기 직전 '통합과 화합'이라는 메시지를 남겼다.

"머리는 빌릴 수 있어도 건강은 빌릴 수 없다."
던 그의 말과 달리, 그를 온전히 지킨 것은 몸이 아니라 완강한 정신적 의지는 아니었을까?
김영삼은 1995년 11월 22일, 향년 87세의 나이로 서울대병원에서 사망한다.

김대중(金大中)

1924년 1월 6일 ~ 2009년 8월 18일
재임기간 : 1998년 2월 25일 ~ 2003년 2월 24일

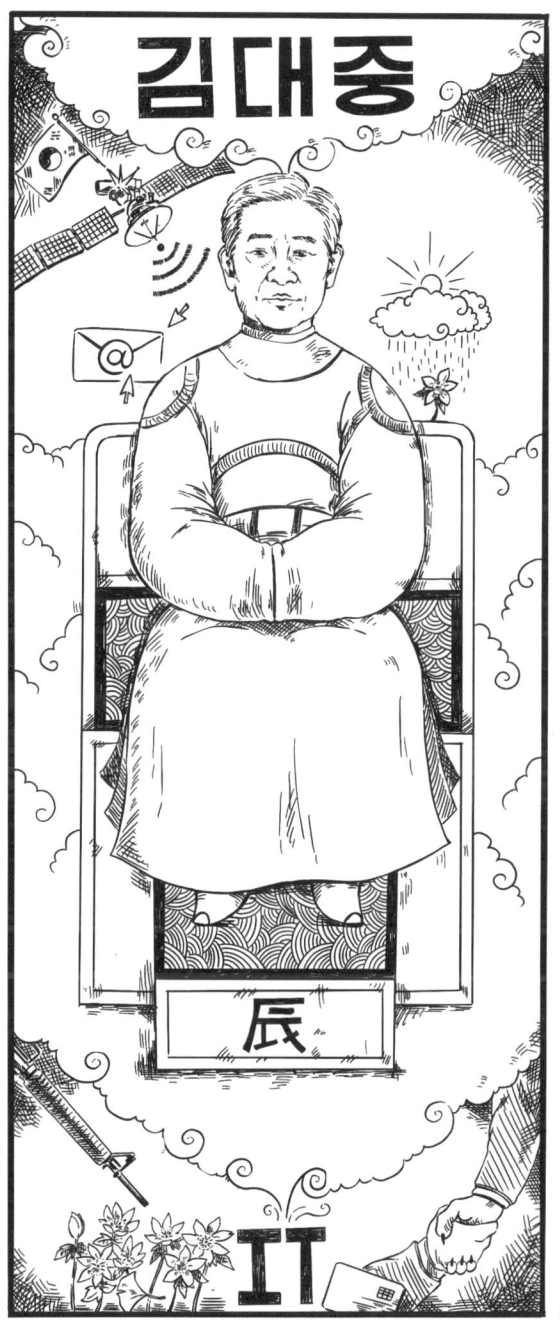

청년 사업가
그는 새처럼 흐름을 읽었다.

불사의 정치인
그는 포기를 포기했다.

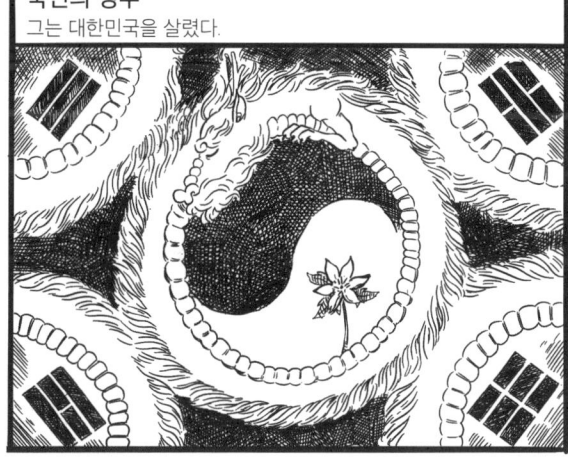

국민의 정부
그는 대한민국을 살렸다.

PART I : 청년 사업가
'그는 새처럼 흐름을 읽었다.'

1. 전봉준(1855년~1895년)은 30대 때 동학에 입교한 이후 접주(동학에서 한 교구를 이끌던 직책)가 된다. 1894년, 전봉준은 탐관오리 고부 군수 조병갑의 횡포에 저항하는 동학농민운동을 이끈다. 1차 봉기에서 승기를 잡은 그는 전주성을 함락한 데 이어 관군과 전주 화약을 맺고 농민 자치 기구인 집강소를 설치하는 등 진취적인 성과를 이룬다. 그러나 무능했던 조선의 왕(고종)은 동학농민운동을 빌미로 외세를 끌어들이게 되고 한반도는 이내 청일전쟁의 터가 되어버린다. 청일전쟁에서 승리한 일본군의 본격적인 내정간섭이 시작되자, 동학농민군은 일본을 상대로 제2차 봉기를 일으킨다. 하지만 일본군이 가진 화력에 동학농민군의 무기는 상대가 되지 못했다. 동학농민군은 몰살에 가까운 패배를 당하게 되고, 전봉준 역시 부하의 밀고로 붙잡혀 사형에 처해진다.

2. 초암 김연(1883년~1959년)은 조선의 유학자로 일제강점기 시절 하의도로 낙향하여 덕봉 강당을 세운 뒤 후학 양성에 힘을 쓴 인물이다. 그는 어린 시절의 김대중을 가르쳤던 선생으로 이름을 알리게 된다.

당시 목포는 중국 상하이와 일본 나가사키를 연결하는 무역 거점항으로 부산 다음으로 번화한 항구 도시였다. 김대중의 부모는 언덕 꼭대기에 있는 작은 여관을 인수한다. 목포항이 한눈에 들어오는 아름다운 장소였다.

이게 말로만 듣던 목포의 풍경이군. 대단해.

역동적인 항구는 언제나 김대중에게 생동하는 경험의 현장이었다.

이 많은 사람과 물류는 어디에서 와서 어디로 가는 걸까?

1944년, 목포 상고를 졸업한 김대중은 일본인이 경영하는 해운회사에 취업했고, 해방 후에는 능력까지 인정받아 그 회사의 운영자로 추대된다.

목포의 물류가 내 주판 위에서 움직이는군.

더 나아가 1947년에는 화물선 한 척을 사들여 자신의 회사를 창업하기에 이른다.

난, 유망한 청년 사업가. 내 인생의 항로는 내가 개척한다!

그는 전국 연안으로 양곡을 수송하는 사업권을 따낼 정도로 수완이 좋았다. 배도 세 척으로 늘어났다.

성공하려면 흐름을 읽을 줄 알아야 해.

PART II : 불사 정치인
'그는 포기를 포기했다.'

3. 1971년, 제7대 대통령 선거를 앞두고 신민당 원내총무였던 김영삼이 40대 기수론을 내세우며 대통령 후보 지명대회에 출마한다. 즉, 기존 정치 세력이 아닌 참신하고 패기 넘치는 젊은 인물이 나서야 박정희의 독재를 막을 수 있다는 주장이다. 이에, 신민당 대통령 후보 지명대회에는 김영삼을 비롯하여 40대 김대중과 이철승의 삼파전을 이루며 선거 흥행을 일으킨다. 40대 기수론 삼파전에서 김대중이 최종 승리를 함으로써 제7대 대통령 선거에 출마하게 된다.

PART III : 국민의 정부
'그는 대한민국을 살렸다.'

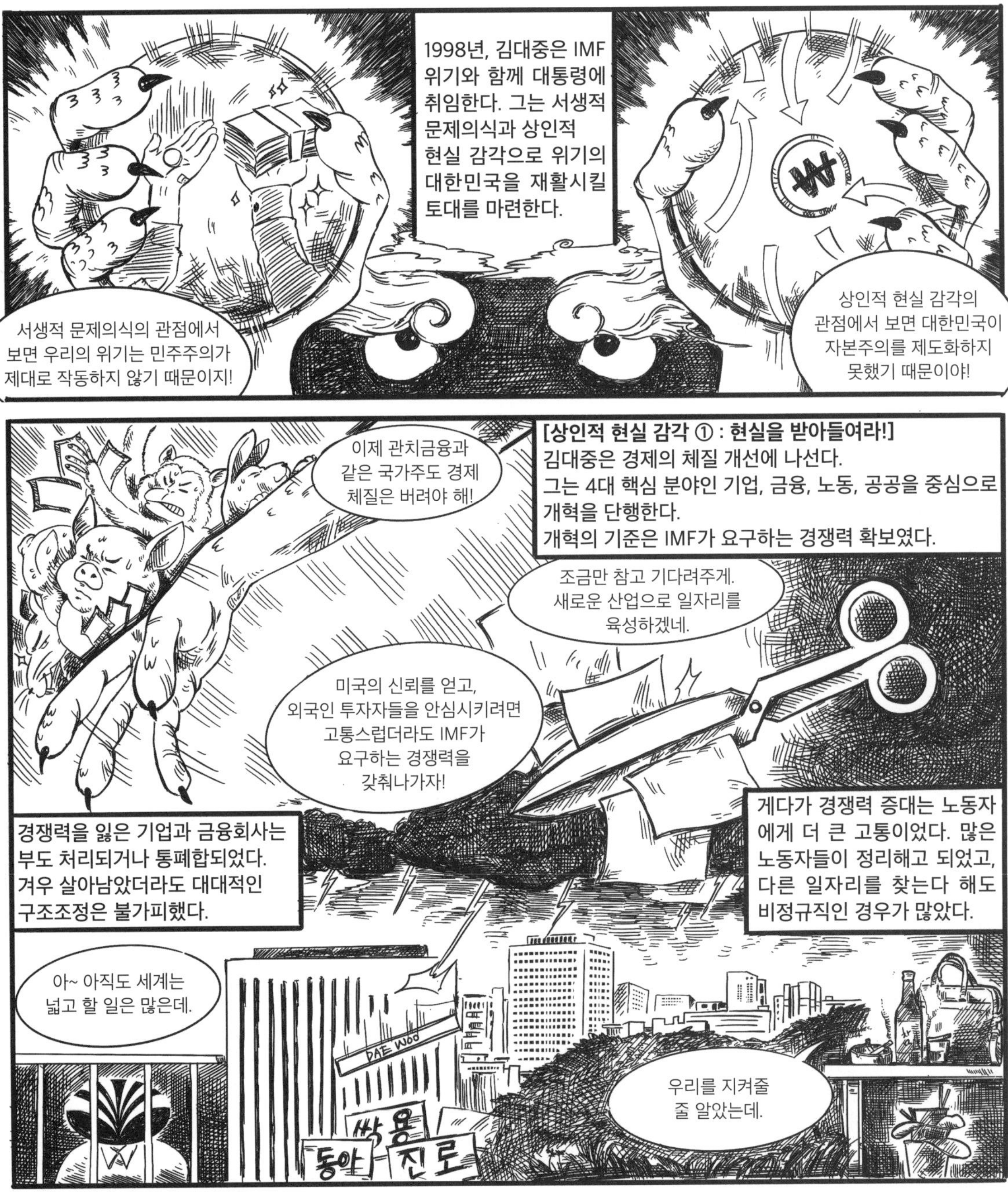

4. 1998년, 대통령에 오른 김대중은 IMF 외환 위기를 극복하기 위한 노력으로써 노동자, 사용자(기업), 정부 간의 협의체인 노사정위원회를 대통령 직속 자문기관으로 두어 모두가 상생하는 새로운 노사 문화를 만들고자 한다. 그러나 IMF 외환 위기 이후 우리나라는 미국 중심의 신자유주의 흐름에 완벽히 종속되면서 노동자들의 권리는 훨씬 더 추락하게 되고, 그 결과 노사정위원회의 역할은 노동자들에게 실질적인 이익을 가져다주는 데 큰 역할을 하지 못한다.

5. 햇볕 정책은 김대중 정부에서 추진한 대북정책이다. 1998년, 대통령에 취임한 직후 영국을 방문한 김대중은 런던대학교 연설에서 이솝 우화에 나오는 해와 바람의 이야기를 인용하며 대북정책 변화의 필요성을 주장한다. 즉, 따뜻한 햇볕이 한 나그네의 외투를 벗길 수 있듯 북한의 태도 변화를 이끄는 것은 강경책이 아닌 유화책에 기반한다는 내용이다. 김대중 정부 이후 북한과의 관계가 상호 적대에서 협력의 관계로 변화하기 시작한다. 또한, 2000년 6월에는 분단 이후 첫 국가 간 정상회담이 성사되었으며, 훗날 한반도 평화를 위한 공로가 인정되어 노벨 평화상을 수상한다.

또한, 기초생활보장제를 도입함으로써 IMF로 고장난 서민들의 복지를 강화했다.

"생계를 유지할 수 없는 국민을 책임지는 건 국가의 의무지."

김대중은 자신의 땅을 사랑했던 하의도 농민들의 피와 땀을 평생 기억하고 있었다.

"그래, 국가의 주인은 국민이어야 하고 나는 국민의 정부여야 해!"

그러나 체질 개선에 따른 후폭풍 또한 만만치 않았다. 첫째, 김대중이 육성한 IT 벤처 붐은 심각한 거품이었다.

둘째, 마구잡이로 발급된 신용카드는 300만 명이 넘는 신용불량자를 만들어 냈고, 급기야 LG카드는 자금을 회수하지 못해 파산하게 된다.

"이건 국가가 조장한 늪이었다고."

셋째, 남북관계는 부시 정권이 들어서면서 북한을 악의 축으로 규정하자, 급속도로 냉랭해진다. 여전히 미국에 종속되어 있던 남북관계의 한계를 벗어나지 못했다.

"나쁜 놈과 어울리면 안돼요~"

마지막으로, IMF 이후 우리 사회는 신자유주의 흐름에 급속도로 적응했다. 우리 사회는 세계의 경제가 기침만 해도 몸살이 날만큼 세계 경제에 복속되어 버렸다.

"에취!" "콜록 콜록."

김대중은 비주류 출신으로서 오직 자신의 실력을 통해 주류 정치를 평정하고 대통령 자리에 오른 인물이다.

"우리가 졌다…!"

그는 온갖 정치 테러로 죽음의 사선을 넘나들었다. 그러나 그가 권력을 잡았을 때는 어떤 정치보복도 하지 않았다. 그는 평화 위에 민주주의를 세우고자 했다.

그는 IMF 이후 신자유주의 흐름에 가장 효율적인 현재의 대한민국을 구축했다.

2009년, 김대중은 고령이었지만 몸과 정신은 건강했다. 그러나 자신의 후임 대통령이었던 노무현의 죽음으로 제 몸의 절반이 무너져 내리는 만큼의 커다란 충격을 받는다. 그 이후 건강이 급속도로 악화되면서 2009년 8월 18일, 향년 85세의 나이로 사망한다. 그는 마지막 일기에 "인생은 아름답고 역사는 발전한다"고 적었다.

노무현(盧武鉉)

1946년 9월 1일 ~ 2009년 5월 23일

재임기간 : 2003년 2월 25일 ~ 2008년 2월 24일

PART I : 거리의 변호사
'그는 묵묵히 노동자편에 섰다.'

중학교 입학금을 마련하지 못한 어머니가 학교로부터 문전 박대당하는 모습까지 봐야 했을만큼 노무현은 가난했다.

학교 보내지 말고 집에서 농사나 시키세요.

선생님, 여름 복숭아 농사를 지어 입학금을 낼 테니 우선 입학을 시켜주시면….

노무현의 어머니는 생계를 위해 비굴하게 고개를 숙여야만 하는 처세의 기술을 아들에게 가르쳐야 했다.

자존심 강한 노무현은 원서를 찢고 그 자리에서 나왔다.

제대로된 깡패나 되어야겠군.

저런 놈 공부시켜 봐야 깡패밖에 더 될까!

가난은 노무현에게 열등감을 심어주었다.

모난 돌이 정 맞는 법이다. 계란으로 바위 치는 무모한 행동을 삼가라. 명심하거라.

지독한 가난에서 벗어나려면, 어머니의 말씀에 따를 수밖에 없는 건가?

우여곡절 끝에 중학교에 입학한 노무현은 이승만 대통령 생일 글짓기 대회에서 보이콧을 선동한다. 열등감이 부른 반항심이었다.

이승만은 부정한 방법으로 헌법을 바꿔 독재로 나아갈 거래. 난 이 대회에 백지를 내겠어.

이 일로 노무현은 교무실에서 종일 벌을 받아야 했지만 끝내 반성문을 제출하지 않는다. 어머니의 가르침을 따르지 않았던 것이다.

조그만 녀석이 우월감 하나는 굉장하군!

아무리 그래도 비굴해지긴 싫다고!

노무현은 생계에 힘을 보태야 했기에 부산 상고로 진학했고, 농협 입사 시험을 치렀으나 떨어지고 만다.

어머니를 조금이라도 도와드려야 하는데.

형님들, 사법고시에 도전해보고 싶습니다.

강단 높은 노무현은 실패를 통해 더 큰 꿈을 꾼다. 사법고시에 뛰어든 것이다.

형들이 도와줄 테니 열심히 해.

막내야! 너의 총명함이면 고시에 합격할 게다.

고졸이라던데?

저녀석 인가봐!

1975년, 노무현은 제17회 사법고시에서 합격한다. 가난으로부터 탈주한 대단한 성공이었다. 하지만 사법연수원에서 그는 학벌 사회의 높은 벽과 마주했다.

머리만 큰 멍청한 대학 출신들, 어디 두고 보자.

그는 대전지방법원 판사로 임용됐으나 돈이 우선 필요했다. 판사를 그만두고 부산에 내려와 세무 전문 변호사로 개업한다.

손가락질 받더라도 우선 돈을 벌어야 해. 여긴 자본주의 사회가 아니던가?

자기 직업에 충실한 것이 곧 사회에 이바지하는 것!

소명으로서의 직업의식을 가져야지.

노무현은 성공한 변호사가 되었다.

생활에 여유가 생기자 올림픽 출전을 꿈꾸며 대회용 요트를 사 틈틈이 연습한다. 폭력으로 정권을 잡은 전두환에겐 관심도 없었다.

역시, 어머니 말씀이 맞았어. 적당히 돈 밝히고 타협하며 사니 부러울 게 없군.

1981년, 노무현은 우연히 부림 사건¹의 변론을 맡는다.

"고문으로 자백받은 이 허위 진술서는 명백한 폭력 행위이자 불법입니다."

"가난에서 벗어나기 위해 최선을 다했지만, 당당한 삶은 아니야!"

그에게 부림사건은 군부 독재의 불의와 정면으로 마주하는 계기이자 삶의 궤도를 바꾸는 인생의 변곡점이 된다.

"더군다나 내 자식들을 이런 불합리한 세상에서 살게 할 순 없어."

"문재인의 친구 노무현은 더는 외롭지 않다."

"진정성은 서민들이 있는 곳에서 함께 호흡하는 거야. 소처럼 묵묵히."

부림사건 변론 후, 노무현은 거리의 변호사가 된다. 그는 세속적 욕망을 하나씩 정리했다. 자가용 대신 버스를, 시장에서 국밥을, 가난한 이들을 위한 무료 변론을 실천했다.

뜻을 같이하는 동지도 만났다. 대표적인 인물이 바로 문재인이다. 1982년, 그들은 시국사건 변호와 함께 노동법률상담소를 열어 노동운동에도 뛰어든다.

노무현은 부산, 울산, 마산, 창원 등 노동 사건이 일어나는 곳이면 어디든 묵묵히 달려갔다. 노동 현장엔 가슴 아픈 사연이 참 많았다.

프레스에 손이 잘린 노동자의 산업재해를 보상받기 위해 법정에 섰지만, 직장 동료들조차 불이익을 받을까 증언을 꺼리는 모습을 보며 부조리한 사회 현실에 암담함을 느낀다.

"세상엔 이들의 편이 되어줄 사람이 없구나."

"몰라요…"

1. 부림사건은 '부산의 학림 사건'을 줄여 이른 말이다. 1981년에 부산의 대학생과 사회운동가들은 억울하게 간첩 혐의로 체포·고문당한다. 그후 그들은 조작된 증거로 기소되어 국가 권력으로부터 인권을 유린 당한다. 결국, 국가의 고문과 조작된 증거가 밝혀지면서 사건은 재심을 통해 무죄로 밝혀진다. 노무현은 이 사건으로 국가권력이 개인의 자유를 억압하고, 조작된 증거로 무고한 사람들을 억울하게 만드는 현실을 목격하고, 인권변호사의 길을 선택하게 된다.

2 이석규(1966년~1987년), 1961년, 경남 거제에서 태어나 대우조선에 입사한 이후 열악한 근로 환경 속에서도 노동자의 권리를 지키기 위해 대우조선 내 노동조합 결성을 주도한 인물이다. 1987년 7월, 이석규는 사측의 강력한 노조 탄압 정책에 맞서 노동자 대투쟁을 이끌며 거리로 나선다. 그러나 그는 경찰의 과도한 폭력적 진압으로 인해 사망하게 된다. 노무현은 그의 죽음에 분노하며 노동자들의 권리를 변호하고, 죽음의 진실을 밝히는 데 앞장선다. 그러나 그는 제삼자 개입 위반과 장례식 방해 혐의로 구속된 데 이어 변호사 업무마저 정지당하게 된다.

PART II : 지역주의 타파

'그는 실패를 되새김질했다.'

3. 일해재단은 전두환 정권 시절에 설립된 재단으로, 전두환과 그 측근들이 권력을 이용해 막대한 불법 자금을 축적한 대표적 5공 비리 사건의 중심에 있다. 이 재단은 기업에 강제로 기부를 요구해 자금을 조성했으며, 그 과정에서 기업인들은 협박과 압력을 받는다. 일해재단은 본래 사회 공헌 목적으로 설립되었지만, 사실상 전두환과 측근들의 사적 이익을 위한 기구로 운영된다. 1988년, 국회 5공 청문회에서 일해재단의 비리와 권력형 부패가 폭로되며 국민적 분노를 샀고, 이후 재단은 해체된다. 이 사건은 5공화국의 정경유착과 권력형 비리의 상징으로 남게 된다.

4. 가판 신문 구독이란 언론사가 당일 신문을 정식 배포하기 전에 구독자가 사전에 열람할 수 있도록 가판을 찍어내는 것을 말한다. 이런 가판 신문 구독 문화가 가진 심각한 병폐로는 언론사들이 가판 신문을 통해 특정 권력층이나 기업에게 정보를 먼저 전달하거나 이를 기반으로 유리한 기사를 쓰도록 요청받는 등 그들 간에 정보 거래가 가판 신문을 통해 암암리에 이루어졌다는 데 있다. 노무현은 가판 시문 구독이 언론의 독립성과 공정성을 심각하게 훼손하고 있다고 보고 그것을 금지하는 정책을 편다.

5. 소선거구 제도는 국회의원을 선출하는 방식 중 하나로, 한 선거구에서 최다 득표를 얻은 한 사람이 국회의원으로 선출되는 방식을 말한다. 소선거구 제도의 경우 소수 정당이 국회에 진출할 기회가 거의 없다. 그 결과 이쪽 아니면 저쪽이라는 거대 양당 체제로 이루어지는 경우가 대부분이다. 이에 대안으로 중대 선거구제가 요구되고 있는데 이는 한 선거구에서 두 명 이상의 국회의원을 선출하는 방식이다. 중대 선거구제의 경우 다양한 정치적 견해를 반영하고 소수 정당의 의회 진출 가능성을 높일 수 있다는 장점이 높이 평가되고 있으나 권력을 쥔 거대 양당이 제도 개선에 반대하고 있어 현실화되지 못하고 있다. 노무현은 소선거구 제도야말로 거대 양당 체제가 가진 병폐의 출발지이자 지역감정을 재생산하는 밑바탕이라 생각했다. 그는 거대 양당에 의해 독점화된 정치 풍토를 바꾸기를 원했다.

6. 2004년, 노무현의 탄핵 선고를 앞두고 치러진 제17대 총선에서 열린우리당은 과반을 넘는 152석의 의석수를 확보함으로써 4대 입법 개혁안(국가보안법 개정, 사립학교법 개정, 과거사 진상규명법 제정, 언론관계법 개정)을 추진한다. 그러나 우리 사회의 기득권이 가진 힘은 막강했다. 과거사 진상규명법의 입법을 제외하곤 나머지 법안은 개정에 실패한다.

7. 노무현은 2003년과 2004년에 걸쳐 이라크 전쟁에 우리 군을 파병한다. 노무현은 당시 조지 부시 미 대통령의 요청을 거부할 수 없었는데, 북한의 핵 문제를 해결하기 위한 미국과의 관계 유지가 무엇보다 중요했기 때문이다. 파병 부대의 이름은 자이툰 부대로 평화를 상징하는 '올리브'를 뜻하는 아랍어에서 가져왔고 그들의 주요 임무는 인도적 지원과 재건 활동이었다. 이처럼 노무현의 외교는 철저히 국가의 실리에 바탕을 두고 진행되었다. 그러나 파병에 따른 국민적 저항은 만만치 않았고, 특히 진보 진영의 반대로 노무현의 지지율은 급락한다. 훗날 노무현은 안보와 외교 현실 속에서 어쩔 수 없는 선택이었고, 국민에게 그 미안함을 전했다.

8. 2007년, 임기 말 노무현은 역사적 결단이 필요하다며 한미 FTA를 추진한다. 그러나 노무현의 지지 세력이었던 시민단체, 노동계, 농민단체, 진보정당들은 사회 전반의 심각한 불균형과 불평등이 야기될 수 있다며 반대한다. 노무현은 자신의 정치적 손실을 알면서도 국가의 이익을 위해서는 불가피한 선택이라며 입장을 굽히지 않고 강행한다. 임기 말 노무현의 지지율은 10%대로 전락한다.

이명박(李明博)

1941년 12월 19일 ~ 현재
재임기간 : 2008년 2월 25일 ~ 2013년 2월 24일

PART Ⅰ : 샐러리맨의 신화
'그는 집요하게 성실했다.'

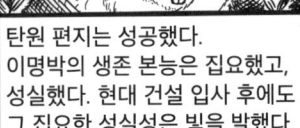

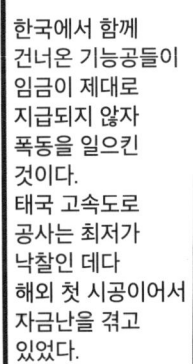

1. 정주영(1915년~2001년), 현대그룹의 창립자이자 재벌 기업 1세대 인물이다. 그는 1940년대에 서울에서 자동차 정비소를 운영하며 사업가로서의 첫발을 내디뎠고, 1947년에 현대건설을 설립함으로써 명실상부한 재벌가 반열에 오른다. 그는 "해보기는 했어?"라는 어록을 남길 만큼 도전 정신을 강조했고, 이명박은 그의 기업가 정신에 부합한 인물이었다.

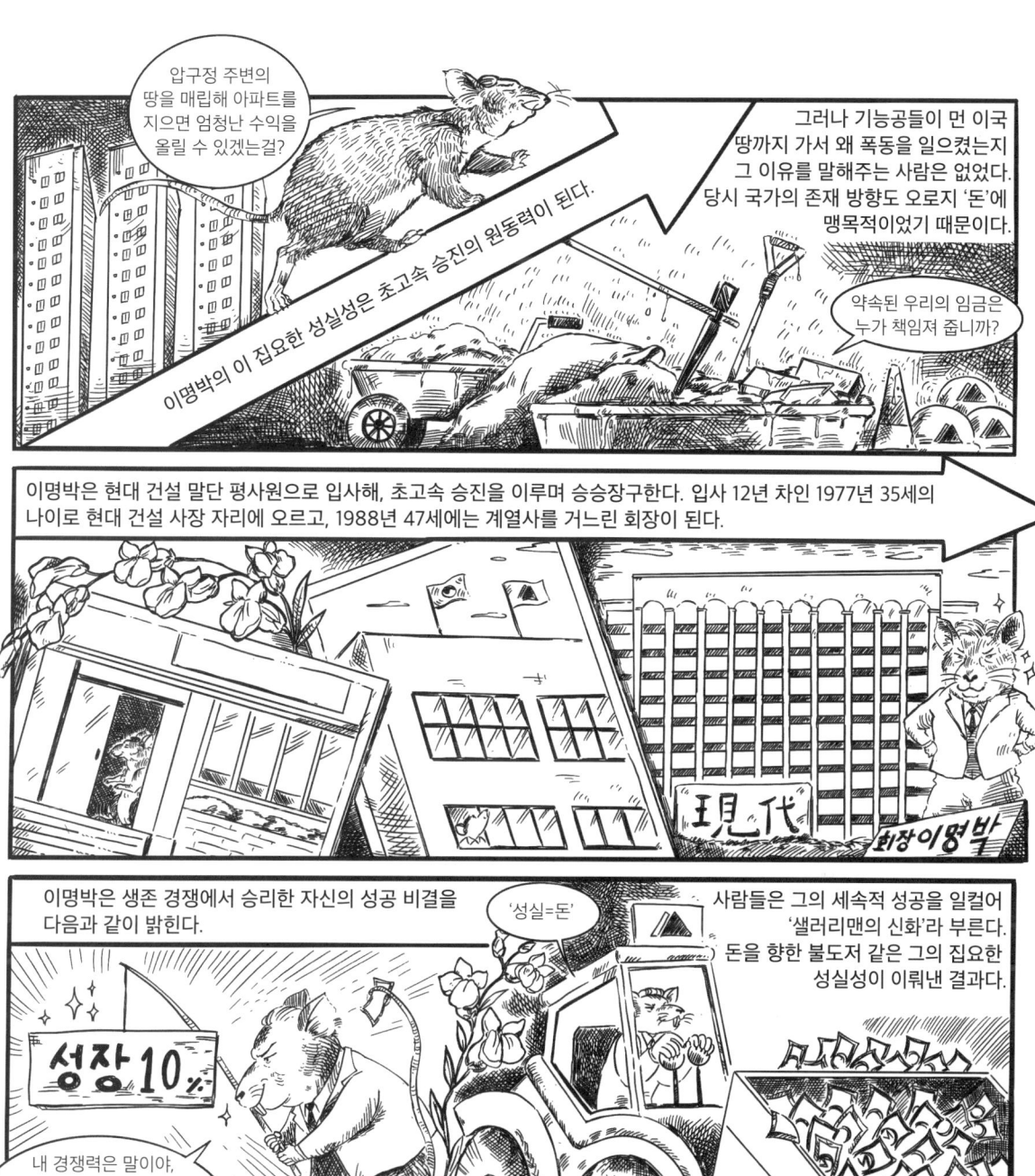

PART II : 청계(淸溪)
'그는 숨기길 잘했다.'

2. 드라마 <야망의 세월>은 1990년에 방영된 MBC 주말 연속극으로 이명박의 세속적 성공신화를 모티브로 제작되었다. 당시 이 드라마는 시청률 60%를 넘길 만큼 폭발적인 인기를 누린다. 이명박은 이 드라마 덕분에 자신의 이름을 세상에 알릴 수 있게 된다.

"정치에 쓴 돈을 다시 회복시키려면 제대로 큰 한방이 필요해! 미국으로 가자!"

일단 정치에서 발을 뺀 이명박은 새로운 사업 구상을 위해 자본주의 최첨단 국가인 미국으로 건너간다. 그리고 1999년, 재미 교포 김경준과 함께 BBK라는 투자 전문 회사를 설립한다.
물론 회사 대표는 자신이 아닌 위험을 대비해 김경준에게 맡긴다.

이명박의 숨기기 전략은 현대 건설 사장 시기에도 있다.
1985년, 개발 정보를 입수해 큰형과 처남의 이름으로 도곡동 땅을 사들여 탈세에 이용했다.

"난 뒤에서 돈만 챙기면 그만이지."

그 후, 1987년에는 현대자동차에 부품을 납품하는 주식회사 다스를 차명으로 설립한다. 이 역시 큰형과 처남의 이름이 사용된다.

"돈을 벌기 위해선 숨어야 해. 그래야 위험을 줄일 수 있다고."

"난 아무것도 알지 못합니다."

BBK 회사 자본금 역시, 이명박의 차명 주머니를 중심으로 움직였다. 물론 그 돈의 출처에 대해 세상 사람 모두가 알고 있지만, 2007년 대선 과정에서 본인은 죽어도 아니라 하고, 검찰도 끝까지 이명박과 무관하다며 면죄부를 준 그 돈이다.

"난 뒤에서 돈만 챙기지!"

3. 청계 재단은 2009년에 이명박이 공익을 목적으로 설립한 재단이다. 그러나 그 재단은 박정희의 육영재단, 전두환의 일해재단과 마찬가지로 자산의 면피와 세금 회피의 수단으로 악용된다. 즉, 왼쪽 주머니에서 돈을 꺼내 오른쪽 주머니로 돈을 옮기면서 온갖 혜택을 누린 것이다. 2018년에 이명박은 횡령 및 뇌물 수수 혐의로 구속되는데, 그 과정에서 청계 재단의 숨은 비리들이 밝혀진다.

PART Ⅲ : 사업가 대통령
'그는 한결같이 돈을 욕망했다.'

4. 2007년, 이명박은 대선 과정에서 경제 정책의 목표인 '대한민국 747 공약'을 발표한다. 7% 경제성장률, 국민소득 4만 달러 시대, 7대 경제 강국 진입을 의미한다. 그러나 이 공약은 2008년 글로벌 국제 금융 위기로 폐기 처분된다.

5. 고소영(고려대, 소망교회, 영남지역), 강부자(강남의 부자), 영포라인(경북 영일과 포항 인맥)은 학연과 지연, 그리고 계급적 특권층에 제한된 그의 인사 정책을 비꼬는 유행어였다.

6. 2008년 글로벌 금융 위기는 미국의 서브프라임 모기지 부실로 시작되어, 금융 파생상품 붕괴와 함께 그 중심에 있던 투자은행 리먼 브라더스가 파산하면서 전 세계로 확대된 경제 위기를 말한다. 특히 우리나라 경제는 미국 경제에 상당 부분 의존하고 있었기 때문에 직접적인 영향을 받았다.

7. 이명박 정부는 2008년 글로벌 금융 위기를 돌파하기 위한 명분으로 2009년 대규모 국가사업을 펼친다. 그 중심에 4대강 사업이 있었다. 4대강 사업은 한강, 낙동강, 금강, 영산강의 정비와 보 건설을 통해 홍수 예방, 수질 개선, 수자원 확보 등을 목표로 추진되나 이명박의 속셈은 따로 있었다. 그는 4대강 사업에 22조라는 막대한 예산을 투입한다. 그 과정에서 대형 건설사들은 담합을 통해 막대한 이익을 얻고, 그의 측근들 역시 온갖 특혜로 이득을 챙긴다. 그리고 이명박으로 이어지는 온갖 의혹들 역시 차고도 넘친다.

8. 4대강 사업에 이어 이명박 정부는 국가 미래의 에너지와 자원을 안정적으로 확보한다는 그럴듯한 명분으로 해외 자원 개발과 투자 사업을 추진한다. 그러나 과도한 투자와 부실한 관리로 많은 사업이 실패하면서 막대한 재정 손실을 일으킨다. 과연 그 많은 예산은 모두 어디로 사라진 걸까? 2015년에 박근혜 정부가 들어서면서 자원외교 비리 합동수사단이 출범해 대대적인 수사를 벌이나 그 결과는 '혐의없음'으로 흐지부지 막을 내린다. 사업도 수사도 모두 불투명했다.

이명박은 가난을 스스로 뚫어냈다. 그는 어떤 궁핍한 환경 속에서도 살아남는 법을 몸 깊숙이 익혔다.
집요한 성실성이었다.

봤지?
돈 냄새 맡는 내 실력이
이 정도라고.

그의 욕망은 스펙터클한 청계천처럼 마르지 않았다.
대신 물을 끝없이 공급하기 위해 땅속 깊이 대형 모터를 숨겨야 했듯, 그는 돈에 대한 집착을 결코 드러내는 법이 없었다.

그에게 국가란 부도 걱정 없는 거대한 수익처였다.
임기 5년을 마치고 청와대를 나오는 그의 발걸음에 아쉬움이 묻어 있었다.

이명박의 인생은 오로지 돈을 향해 있다. 그는 돈에 집착한 나머지 풍요롭게 사는 법을 알지 못했다. 언제부턴가 우리도 그에게 감염돼 버렸다. 2018년에 구속된 그는 2022년 대통령 특별사면으로 출소했다.
그러나 그의 숱한 범죄 혐의는 빙산의 일각에 불과하다.
그에게선 여전히 시궁창 냄새가 난다.

박근혜(朴槿惠)

1952년 2월 2일 ~ 현재
재임기간 : 2013년 2월 25일 ~ 2017년 3월 10일

영애
그녀는 스스로 날 수 있다고 공상했다.

아버지, 제가 날고 있어요!

떨어지지 않게 조심하렴.

선거의 여왕
그녀는 스스로 부활했다고 믿었다.

탄핵 대통령
그녀는 공상의 대가를 받았다.

대체 내가 뭘, 어떻게, 잘못한 거지?

PART Ⅰ : 영애
'그녀는 스스로 날 수 있다고 공상했다.'

1974년 8월 15일, 박정희는 광복절을 맞아 기념사를 낭독하고 있었다. 느닷없는 총성에 식장은 아수라장이 됐다. 재일교포 2세 문세광이 쏜 총탄에 대통령 대신 부인 육영수가 사망한다.

여러분들, 하던 얘기를 계속하겠습니다. 조국 통일은 반드시…

박정희는 부인 육영수가 총에 맞아 병원에 실려나가는 와중에도 준비한 연설문을 끝까지 읽어나간다.
마치 시나리오대로 연기하는 배우의 모습 같았다.

어린 시절, 박근혜에게 청와대는 안락한 사적 공간이자 온실이었다.

그래, 우리 집이다.
여기가 이제 우리 집이에요?

청와대 생활은 매우 단조로웠다. 대학 때 경호원 몰래 수업 대신 명동에서 영화 본 일이 유일한 일탈이었다.

난 학교와 집(청와대)을 벗어난 기억이 거의 없어.

육영수 여사 피격 당일, 박근혜는 우리 사회와 멀찌감치 떨어진 프랑스 그로노블에서 안전하게 유학하고 있었다.

여사님!!!

박근혜는 어머니의 갑작스러운 피살 소식에 황급히 귀국한다. 안전하지도 단조롭지도 않은 생활이 시작된다.

어머니가 돌아가시다니…!

1. 최태민(1912년~1994년)의 기회주의적 삶은 그 행적이 박정희 못지않게 다채롭다. 일제강점기 시절 순사로 시작해 해방 후 경찰로 전환, 이어 헌병대 문관, 사업가, 중학교 교장, 승려, 목사 등 시대와 상황에 따라 직업과 정체성을 바꾸며 자신의 삶을 이어간다. 1970년대 초반에는 기독교, 불교, 천도교의 요소를 혼합한 사이비 종교 '영세교'를 창립하며 새로운 모습으로 변모한다. 그의 삶의 중심에는 언제나 돈이 자리하고 있었으며, 어린 시절 가난에서 비롯된 결핍은 그를 돈을 위해서라면 무엇이든 할 수 있는 사람이 되게 만들었다. 결국, 그는 박근혜에게 보낸 편지 한 통으로 인생의 전환점을 맞는다. 그는 박근혜가 가진 권력을 이용해 온갖 부정축재를 일삼는다. 그리고 그 부는 딸인 최순실에게 그대로 되물림 된다.

2. 대한구국선교회는 1975년에 최태민이 설립한 조직으로 종교적 명분을 내세워 활동했지만, 사실상 최태민의 정치적, 경제적 영향력을 확대하기 위한 선전 도구로 기능한다.

3. 새마음운동본부 역시 1976년에 최태민이 주도하고 박근혜가 관여하여 키운 조직이다. 그들은 박정희가 주도했던 '새마을 운동'을 본떠 국민의 정신적 혁신과 단결을 도모한다는 명분으로 정치적, 경제적 영향을 행사한다. 특히, 그들은 무료 의료 사업인 경로병원, 새마음병원을 운영하며 눈먼 세금과 기업인들의 후원금을 받는 형식으로 부정축재를 일삼는 통로로 활용한다.

PART II : 선거의 여왕
'그녀는 스스로 부활했다고 믿었다.'

4. 박정희 전 대통령은 부정 축재로 모은 자금을 관리하고 숨기기 위해 육영재단, 영남대 재단, 정수장학회를 설립해 유용한다. 그의 사후, 박근혜는 이러한 재단들을 기반으로 정치적 발판을 마련할 수 있게 된다. 그녀는 별다른 경력 없이 1979년 육영재단 이사장, 1980년 정수장학회 이사장, 1982년 영남대 재단 이사장에 취임하며 주요 재단의 운영을 맡는다. 그녀는 이 시기를 '잃어버린 10년'이라고 회고했지만, 실제로는 재단 활동을 통해 정치적 입지와 영향력을 강화한다. 특히, 박근혜를 중심으로 한 최태민과 그의 일가는 재단 운영에 깊이 관여하며 권력을 장악한다. 이 과정에서 박근혜는 동생 박근령, 박지만과 재단 운영권을 둘러싸고 심각한 갈등을 겪었으며, 이러한 가족 갈등은 극단적인 사건으로 이어진다. 대표적으로, 2011년 오촌 살인 사건이 있다.

2000년 제16대 총선에서 재선을 이룬 박근혜는 소장파 역할을 자임하며 당내 개혁을 주도하는 리더로 서기 시작한다.

"당 개혁안으로 총재직 폐지와 당권과 대권을 분리하는 안을 제안합니다."

2002년에는 당내 개혁안이 받아들여지지 않자 한나라당을 탈당해 '한국미래연합'이라는 신당을 창당하는 등 과감하게 전진한다.

"흥, 날 다시 부를 수밖에 없을 걸!"

심지어 자신이 이사로 재임 중이던 '유럽-코리아재단'을 통해 김정일의 방북 초청까지 받아낸다. 박근혜는 김정일로부터 김대중과 동일한 파격적 대우를 받는다.

"박여사님, 먼 길 오시느라 고생하셨습니다!"

"위원장님께서 초청해주셨는데, 당연히 와야지요."

정계 진출 4년 만에 대선급 반열에 오른 박근혜의 행보는 거침없었다. 최순실의 그림자 같은 보좌 없이는 불가능한 일이었다.

2003년, 한나라당은 제16대 대선에서 노무현에게 뼈아픈 패배를 당한다. 이어 탄핵 역풍에 불법대선자금까지 겹치면서 총체적 위기에 빠진다. 이때 박근혜는 한나라당 구원투수로 재등판했다. 임시 당 대표로 선출된 그녀는 2004년 총선을 이끈다.

"이순신 장군께서 '신에겐 아직 열두척의 배가 있습니다.'라 하신 것처럼 포기하기엔 아직 이릅니다."

"내년 4월이면 총선인데, 어떡하지?"

5. 세월호 참사는 2014년 4월 16일, 대한민국 인천에서 제주도로 향하던 여객선 세월호가 전남 진도 인근 해상에서 침몰해 304명이 사망한 대규모 참사다. 참사의 주요 원인으로 선사의 과적, 선박 구조 변경, 승무원들의 부실한 대응, 그리고 정부의 미흡한 초기 구조 조치가 지목된다. 사고 당시에 선원들은 승객들에게 "배 안에 머무르라"고 지시한 뒤 탈출했고, 그 때문에 선내에 있던 승객 구조 작업이 지연되어, 많은 희생자를 낳게 된다. 또한, 정부의 위기대응 부실과 구조 실패는 국민적 분노를 불러일으킨다. 특히, 박근혜 정부에 대한 비판과 책임론이 확산되면서 탄핵의 시발점이 된다. 세월호 참사는 대한민국 사회에 안전, 책임, 그리고 국가의 역할에 대한 근본적인 질문을 던지며, 전 국민이 "잊지 않겠습니다"를 다짐하며 기성 권력의 반성을 촉구했지만, 10년이 지난 지금, 기억에서 흐릿해져 가고 있다.

6. 백남기 농민(1947년~2016년)은 대한민국의 농민운동가이자 민주화 운동가로, 농민의 권익과 민주주의를 위해 활동하다가 2015년, 집회 중 경찰의 물대포에 맞아 사망한다. 그의 죽음은 대한민국의 공권력 과잉 대응과 민주주의의 가치를 둘러싼 큰 사회적 논란을 불러일으킨다. 그의 죽음으로 경찰의 진압 과정에서 사용했던 물대포는 사라지게 된다.

박근혜는 엄혹했던 유신의 비호 아래 절대 권력이 행사하는 힘의 효과로 스스로 날 수 있다고 공상했다. 최태민은 이를 부추겼다.

그녀는 두 번의 비극을 경험했음에도 현실에 무감각했다. 도리어 박근혜는 박정희와 육영수의 이미지를 정치 부활의 도구로 삼았다. 최순실의 계획이었다.

현실과 분리된 박근혜는 무능한 꼭두각시 대통령일 수밖에 없었다. 촛불을 든 시민의 명령으로 박근혜는 엄중한 심판을 받고 몰락했다.

박근혜는 대한민국 대통령으로서 위임받은 권력을 사적 용도로 사용했을 뿐 아니라, 공적 지위로서의 역할과 책임에 무능했다. 엄혹했던 유신 시절 "닭의 모가지를 비틀어도 새벽은 온다"는 김영삼과 같은 결의를 보여주며, 2016년 겨울밤, 시민이 촛불을 들고 닭의 모가지를 친 후에야 비로소 대한민국의 여명이 밝아 왔다.
그녀는 2021년에 특별사면으로 출소한다.

최근 박근혜는 자신의 파멸에 선봉 섰던 중앙일보와의 인터뷰를 통해 자신의 억울함을 밝히는 연재물을 쏟아내고 있다. 국가와 시민의 미래보다 소수 권력자들의 이권 다툼의 경쟁이 판치는 더러운 대한민국의 현대사는 여태 진행 중이다.

문재인(文在寅)
1953년 1월 24일 ~ 현재
재임기간 : 2017년 5월 10일 ~ 2022년 5월 9일

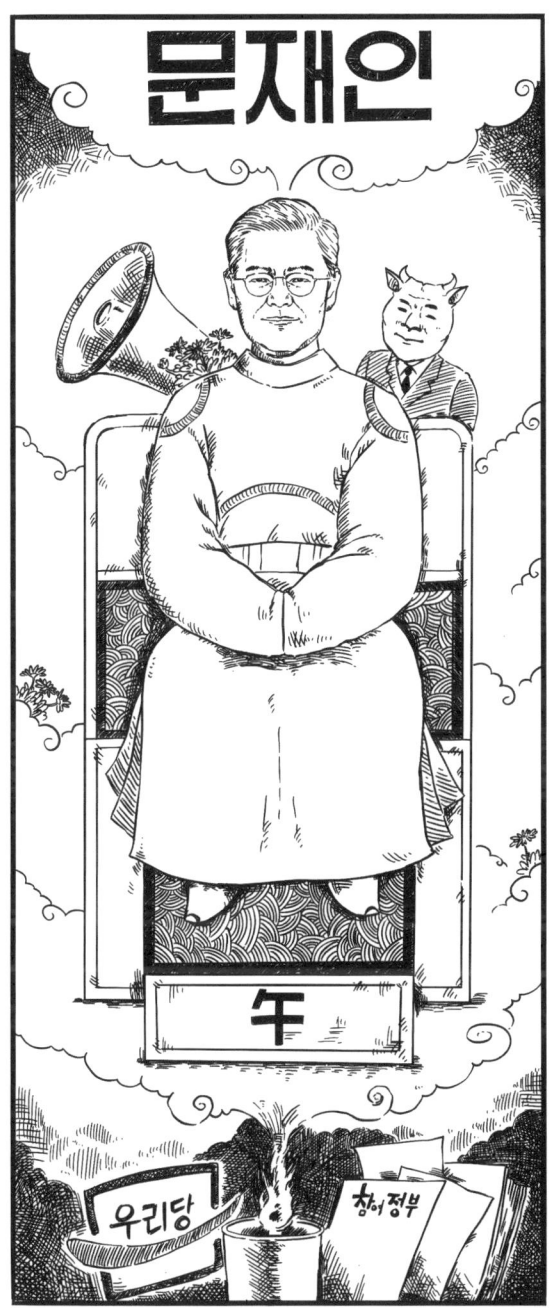

실향민의 아들
그는 평등한 세상을 꿈꿨다.

참여정부
그는 달리고 또 달렸다.

미완의 촛불
그는 헛발질로 기회를 날려버렸다.

PART Ⅰ : 실향민의 아들
'그는 평등한 세상을 꿈꿨다.'

1950년 12월, 함경남도 흥남항에서는 대대적인 철수 작전이 펼쳐진다. 중공군의 개입 탓이다. 전선은 밀렸고, 문재인의 부모는 전란을 피하고자 퇴각하는 미 군함에 올라탄다.

그 후 두 번 다시 고향을 밟지 못했다.

"고향을 떠난 지 2년, 우리 다시 고향으로 돌아갈 수 있을까요?"

"그러게 말이오. 일단 먹고 사는 문제부터 해결합시다."

1953년, 문재인은 거제도에 마련된 피난민 임시 거처에서 태어났다. 그는 실향민의 비애를 보며 성장한다.

"가난은 창피하고, 싫고, 고통스럽다."

문재인 가족의 타향살이는 고됐다. 부모는 가난으로 늘 고개 숙여야 했고, 어린 문재인은 그런 가난에 짓눌려 수치심을 느낀다.

특히, 중학교로 진학한 그는 제 처지와 너무나 다른 부유한 학생들의 모습을 보며 불평등을 경험한다.

"모두가 가난한 줄 알았는데…."

"도련님, 하교 시간에 맞춰 오겠습니다."

가난이 절벽으로 밀던 시절, 한번은 암표 장사가 돈이 된다는 소문에 그의 어머니는 문재인과 함께 기차역으로 향한다.

"얘야, 그냥 돌아가자꾸나!"

"아니오! 내가 사리다!"

"내가 사겠소!!"

"네!"

그러나 아무리 가난해도 양심을 팔순 없었다.

"가난은 사회의 구조 탓이다. 부모님의 잘못이 아니었어!"

"더는 가난으로 부끄러워 말자!"

그나마 가난 속에서도 버틸 수 있었던 유일한 무기는 책뿐이었다. 학교 도서관은 문재인을 미래로 이끈 모태였다.

1. 참여정부는 국가보안법 폐지, 사립학교법 개정, 언론관계법 개정, 과거사 진상규명법을 주요 내용으로 하는 4대 개혁 입법안을 추진한다. 그러나 기득권의 권력 유지 수단으로 악용되던 국가보안법은 끝내 폐지되지 못하고, 언론관계법 개정 또한 거대 언론사의 횡포를 막는 데 한계를 드러낸다. 그나마 사립학교법 개정을 통해 사학의 폐쇄적이고 불투명한 운영 구조를 개혁하는 데는 그 발판을 만듦에 있어 성공한다. 또한, 과거사 진상규명법의 통과로 국가 폭력에 의해 억울하게 희생된 이들의 명예를 회복하고 그들의 넋을 위로하는 의미 있는 성과를 이루어 낸다.

비서실장으로서 문재인의 목표는 노무현 대통령이 임기를 무사히 마칠 수 있도록 보좌하는 일이었다. 앎과 삶을 일치시키는데 신념이 깊은 그는 끝까지 원칙과 초심을 유지한다. 그는 마지막까지 노무현과 함께 달리며 참여정부의 5년을 완주한다.

2008년, 노무현의 퇴임은 문재인의 해방이었다.

그러나 퇴임 뒤, 평온한 날은 지속되지 않았다.
이명박의 악의적인 정치 공세로 2009년, 노무현은 세상을 등지고 만다.

노무현의 유서를 가슴에 묻은 문재인은 상주가 돼 오랜 친구의 마지막 길을 묵묵히 지킨다.

문재인은 정치판을 떠나 칩거 생활에 들어간다.

PART III : 미완의 촛불

'그는 헛발질로 기회를 날려버렸다.'

2. 임옥상 작가의 <광장에, 서>는 108개의 캔버스 위에 흙을 사용해 그린 작품으로 2016년 겨울, 박근혜 대통령 탄핵을 요구하며 서울 광화문 광장에 모인 촛불집회의 모습을 담아낸 작품이다. 문재인 대통령은 취임 후 청와대 본관 벽면에 이 작품을 임대해 설치하며 촛불 민심과 함께 하겠다는 의지를 드러낸다. 그러나 촛불 정신이 부담스러웠던 탓일까? <광장에, 서>는 임대 기간 만료를 이유로 2년 만에 청와대 벽면에서 치워진다.

---

3. 장하성, 김수현, 김상조는 모두 대학교수 출신으로, 참여연대의 주요 정책 연구와 사회 개혁 운동에 참여하며 진보적 지식인의 표상으로 우리 사회에 호명된 인물들이다. 문재인 정부는 그들을 청와대 정책실장으로 발탁해 부동산 문제 해결을 기대했으나, 그들의 이론은 현실과 괴리된 탁상공론에 불과했다. 그 결정적인 이유는 그들이 부동산 시장의 혜택을 직접 누린 기득권자였기 때문이다. 수십억대의 다주택 부동산 자산가였던 그들은 서민들이 영혼까지 끌어모아 집을 마련하려는 절박한 현실을 이해하지 못했다. 부동산 문제를 규제와 이론만으로 해결할 수 있다는 그들의 접근 방식은 국민적 공감을 얻지 못했고, 결국 내로남불 프레임에 걸려 정적 정치적 공격 대상이 된다. 그 결과, 문재인 정부는 심각한 도덕적 타격을 받게 되고, 깊어만 가는 국민의 분노와 불신을 해소하지 못한다.

4. LH(한국토지주택공사) 직원들이 내부 정보인 광명, 시흥 신도시에 개발 건을 입수해 약 1,000억 원 규모의 토지를 사전에 매입하여 시세 차익을 노린 사건이다. 이 사건은 문재인 정부의 부동산 정책 실패를 상징하는 결정적인 사건이 되고, 촛불 정부에 기대를 걸었던 민심이 정권 교체로 응답하게 되는 도화선이 되고 만다.

5. 조국(1965년~현재)은 서울대 법학과 교수이자 참여연대 출신의 사회운동가다. 그는 문재인 정부 출범과 함께 민정수석 비서관에 발탁되어 검찰개혁을 추진하다가 2019년, 검찰개혁의 완수를 위해 법무부 장관에 임명된다. 그러나 조국은 장관 임명과 함께 개인적 수난이 시작된다. 당시 검찰총장이었던 윤석열은 대통령의 검찰개혁 의지에 반발하며, 조국과 그의 가족을 상대로 대대적인 압수수색을 단행한다. 게다가 혐의가 입증되지 않은 내용을 언론에 흘려 조국의 사회적 위상에 타격을 입힌다. 결국, 조국은 36일 만에 장관직에서 사퇴한다. 이후 그의 부인인 정경심 교수는 자녀 입시 비리와 사모펀드 관련 혐의로 징역 4년형을 선고받았으며, 조국 또한 자녀 입시 비리와 유재수 감찰 무마로 징역 2년형의 대법원 확정판결을 받아 실형을 살고 있다.

문재인은 책을 통해 이상을 품는다. 그는 백마처럼 순수한 열정으로 평등한 세상을 꿈꾸며 가난한 민중들의 현실로 기꺼이 들어간다.

그는 세상을 뜨겁게 안았던 노무현을 따라 청와대에 입성한다. 정치판은 살벌했고, 긴장의 끈을 단 한 순간도 놓을 수 없을 만큼 치열하게 달려야 했다. 그는 노무현의 죽음 앞에서 달리기를 멈춘다.

그는 임옥상의 <광장에, 서>를 임대해 청와대 로비에 전시한다. 그러나 2년 후 그 그림은 벽에서 치워진다. 촛불이 부여한 개혁의 과제가 그에게는 무거운 짐이었을까? 촛불의 민심은 흐릿해져가고 있다.

퇴임 뒤, 문재인은 양산 평산 마을에 정착한다. 그는 그곳에 마을 주민 누구나 자유롭게 이용할 수 있는 자그마한 책방을 마련한다. 문재인은 인근 사저와 책방을 자유롭게 오가며 가벼운 나날을 보내고 있다. 그는 무언가에 더는 얽매이기를 거부한다. 정치라면 더욱 그렇다.

그의 책 '운명' 속에 정치적 각오를 새겨둔 바 있다.

"노무현 대통령을 극복하고, 참여정부를 넘어서야 한다."

그러나 자유주의자가 꿈꿀 수 있는 다짐은 아니었다.

몰락하는 대한민국에 필요한 대통령은 적폐와 겨루어 이길 수 있는 강한 인물이다.

윤석열(尹錫悅)

1960년 12월 18일 ~ 현재
재임기간 : 2022년 5월 10일 ~ 2025년 4월 4일 11시 22분

PART Ⅰ : 도리도리
'그는 눈치껏 삶에 적응했다.'

1. 마조히즘(Masochism), 우리말로 피학증이라 부른다. 프로이트는 인간의 죽음 충동(타나토스)으로부터 파괴적 본능이 쾌락을 부르는데 마조히즘의 경우 타인으로부터 고통이나 굴욕을 당함으로써 쾌락을 느끼는 것이라고 말한다. 즉 학창 시절의 윤석열은 아버지라는 강한 권위에 납작 엎드림으로써 고통스럽지만, 한편으로 보호받고 있다는 심리가 그에게 안정과 쾌락을 준다. 게다가 성인이 된 이후에도 윤석열은 홀로서기에 실패하면서 마조히즘적 쾌락 상태가 지속된다. 그는 끊임없이 자신을 보호해줄 존재를 찾았으며, 그 최종 지점에는 김건희가 있다. 결국, 그는 자신의 의존적 장치(김건희)를 보호하기 위해 기꺼이 내란의 수괴까지 된다.

아버지의 인맥은 아들의 군면제 과정에서도 힘을 발휘한다. 그는 부동시, 일명 짝눈 판정을 받는다. 아버지가 권력에 순응해 얻은 보상이었다.

우리 아버지 참 대단하셔?

술만이 세상 모든 근심으로부터 해방시켜주지.

아버지의 힘이 넘지 못하는 벽도 있었다. 사법시험이다. 윤석열은 장수 고시생으로 9년의 기간을 보낸다. 당시 그의 별명은 신림동 신선이었다.

윤석열은 술자리라면 마다하지 않고 달려갔다. 그의 사춘기적 반항은 술자리였다.

아, 누가 나 안 불러주나!

대학 입시처럼 누가 과외 좀 시켜줬으면 좋겠다!

게다가 그는 스스로 공부해 본 경험이 없었기에, 공부는 늘 산만했고, 엉덩이는 가벼웠다.

그런 그가 사법시험에 합격할 수 있었던 건 행운이었다.

난, 그 날도 사법 2차 시험을 코앞에 두고 친구 결혼식을 위해 버스를 탔지. 근데 버스 안에서 본 형법이 딱 시험에 나온 거야! 운이 대단히 좋았지!

자신의 힘으로 그 무엇도 성취해 본 경험이 없는 윤석열은 검사가 된 이후에도 아버지를 대신할 사회 속 권위를 갈망한다.

누가 나를 좀 이끌어줬으면 좋겠는데….

2. 조남욱(1933년~현재)은 전 삼부토건의 회장을 지냈으며 김건희를 자신의 비서로 채용한 인물이다. 그는 제 고향인 충청남도(지연)와 서울대(학연)를 기반으로 정치적, 경제적 영향력을 행사하기 위해 법조계 사조직을 만들어 관리한다. 그중 한 명이 바로 검사 윤석열이었다. 또한, 조남욱은 삼부토건을 중심으로 정관계 로비를 펼침으로써 그들만의 카르텔을 형성하는데 그 카르텔 안에는 여·야 할 거 없이 다수 정치인들이 포진해 있고, 지금도 우리 사회에 상당한 영향력을 행사할 만큼 강힌 힘을 기지고 있다.

3. 살권수는 '살아 있는 권력을 수사한다.'라는 말로 검찰이 즐겨 사용하는 표현이다. 검찰이 자기 조직의 정당성과 명분을 합리화하기 위해 사용하는 최후의 무기다. 특히, 검찰 개혁을 주창한 인물들은 검찰의 살권수 표적이 되어 정치적 큰 타격을 입게 된다. 그 대표적인 인물이 고 노무현 대통령이고, 조국 전 장관이다.

결국, 조국 법무부 장관은 검찰과 언론의 십자포화를 견디지 못하고 36일 만에 낙마한다.

검찰 개혁, 반드시 내 이루리!

검찰 개혁의 진정성은 살아있는 권력을 수사는 데 있는 거라고!

이어 윤석열은 2018년, 울산시장 선거에서 청와대가 개입했다는 의혹과 함께 '살권수'라는 선택적 정의로 문재인 대통령마저 정조준한다.

법무부 장관을 이은 추미애가 부랴부랴 직무 정지와 징계로 그의 폭주를 막아보려 했으나, 도리어 권력에 맞선 정의로운 검사의 거짓 이미지를 강화할 뿐이었다.

총장은 법무부 장관의 부하가 아닙니다. 법과 원칙에 따라…

항명하겠다!!

자, 이제 당신의 마지막 꿈을 향해야 해요. 나를 위해!!

임기를 4개월 남긴 윤석열은 검찰총장직을 돌연 사퇴한다. 그는 이제 검찰 총장을 넘어 더 큰 권력을 욕망했다.

[결말] 2021년 야심 : 제20대 대통령 선출
윤석열은 윤봉길 기념관에서 대선 출마를 공식 선언한다. 그의 손바닥에는 '王'이 그려져 있었다.

공정과 상식이 이기는 나라를 만들겠습니다.

바보 온달을 성공시킨 나는 대단해.

결국, 정의의 이미지를 탈취한 윤석열의 강한 면모에 민심은 호응했다. 윤석열은 제20대 대통령에 오른다.

4. 도이치모터스 주가 조작 사건은 2009년부터 2012년까지 도이치모터스의 주가를 인위적으로 부양하기 위해 주가 조작 선수들이 참여해 시세를 조종했던 금융 사기 사건으로 김건희가 깊이 연루되어 있다. 현재, 이 사건과 관련된 인물들은 모두 구속되어 유죄 판결받았으나, 김건희만 유일하게 불기소 처분이 내려졌다.

5. 명품 가방 수수 사건은 2022년 인터넷 언론사 서울의 소리가 관련 영상을 공개하면서 시작된다. 영상에는 최재영 목사가 영부인이 된 김건희에게 명품 가방을 선물하는 과정이 고스란히 찍혀 있었다. 이후, 시민단체의 고발과 함께 청탁에 관한 위반 사항을 수사하기 위해 특검법안이 제출되었으나 번번이 대통령의 거부권에 가로막히게 된다.

때마침 <서울의 봄> 영화가 개봉했다. 영화는 시민들에게 민주주의의 소중함을 일깨웠으나 윤석열에겐 다른 인상을 심어준다.

비상계엄이라?

여론을 뒤엎을 확실한 수단이 내게 있었군.

2024년 4월, 제22대 총선. 야당이 압승을 이루며 여소야대의 형국이 된다. 임기가 절반이 남은 가운데 이뤄진 정권 심판이었다. 그는 결과를 수용할 수 없었다.

이건 주사파들이 저지른 부정 선거에 불과해! 내가 증명해 보이겠어.

게다가 윤석열의 각종 사건과 의혹들이 여기저기서 터져 나온다. 그중 해병대 채상병 사망 사건[6]은 윤석열의 패거리적 독재의 단면을 그대로 보여주었다.

이런 건 좀 조용히 덮자!

이어 김건희 특검법안이 2차, 3차 국회를 통과하며 윤석열을 압박하자, 그는 거부권을 남발하며 민심에 맞선다.

대한민국을 포기하는 한이 있더라도, 내 아내를 줄 순 없다!

김영선 공천에 힘 실어 주십시오.

내가 다 당에 말해 두었으니 걱정 말게.

여기에 명태균 게이트[7]까지 터진다. 또다시 비선에 의한 국정농단의 어두운 그림자가 대한민국에 드리워진다.

마침내 윤석열은 이 모든 상황을 돌파할 마지막 카드를 꺼낸다. 그는 기꺼이 괴물이 되고자 했다. 2024년 12월 3일, 국치일로 기억될 비상계엄 내란 사태가 터진다.

'제 자유와 행복을 위해 비상계엄을 선포합니다.'

6. 2023년 7월, 경상북도 예천군에서 발생한 집중호우로 실종자 수색에 해병대가 투입되고 그 과정에서 채 일병이 사망하게 된다. 사건 발생 후 해병대 수사단은 책임자 처벌을 위해 임성근 해병대 1사단장 등을 업무상 과실 치사 혐의로 경찰에 이첩하려 했으나 국방부 장관의 보류 지시가 내려지면서 외압 논란이 제기된다. 게다가 이 사건에 윤석열까지 개입한 정황이 드러나면서 사회적 큰 파장을 불러일으킨다. 채 일병은 사후 상병으로 추서되었기 때문에 '채상병 사건'으로 알려진다.

7. 명태균은 경상남도를 기반으로 정치 브로커 역할을 한 인물이다. 그는 경남 창원에 미래한국연구소를 창립한 이후 2022년 대선과 2024년 총선에서 불법 여론조사를 통한 선거 개입 의혹을 받아 구속 수감된다. 일명, 명태균의 황금폰이라 불리는 그의 휴대전화 속에는 윤석열과 김건희를 포함한 수많은 국민의 힘 정치인들이 등장하면서 제2의 국정농단 사태로 이어질 전망이다.

도리도리 윤석열은 제 힘으로 무언가를 이루어 본 경험이 없는 의존적 인간의 전형이다. 우리는 그에게서 우리의 익숙함을 찾고 안심했을지도 모른다.

우리 남편이 최고의 자리까지 올라갈 수 있을까요?

그는 제 이득에 따라 반복과 배신으로 명성을 얻어 정상에 올랐지만, 또 다른 누군가의 배신으로 급행 하강길에 올랐다.

이 바보 같은 인간아~ 당신은 나랑도 끝이야!

대한민국의 대통령들은 비극적 결말을 반복하고 있다. 정의와 원칙을 어긴 정치가를 과감히 청산하지 못한 대가다. 윤석열은 우리역사의 일부가 만든 괴물일지도 모른다.

난 술이 좋다고…

2025년 4월 4일, 윤석열은 두 번째 탄핵 된 대통령으로서 대한민국 역사에 기록되었다.
그는 무지했고, 무능했으며 얼굴의 두께를 가늠할 수 없을 만큼 뻔뻔했다. 생텍쥐페리의 《어린왕자》 속 술꾼처럼 그는 술을 먹는다는 부끄러움을 잊기 위해 술을 마시는 무기력한 인간이었다. 아마도 그는 지금의 고통을 잊기 위해 어디선가 또다시 술을 마시고 있을지 모른다.

잊지 말자! 탄핵은 우리 미래의 종착지가 아니다. 중요한 것은 탄핵 이후다. 한 치 앞도 보이지 않는 어둠을 뚫고 나아가기 위해선 강한 힘을 가진 리더가 필요하다. 우리 민중의 편에 확실히 서서 적폐 세력인 기득권과 당당히 싸워 이길 그런 대통령을 역사에 남겨야 한다.

나가는 말

"비상계엄령을 선포합니다."

그 사실을 나는 다음날 새벽 4시에 알았다. 다급히 완성해야 했다. 안타깝게도 구상 스케치만 끝낸 단계였다. 이 책이 다음 대선을 공략하고 있었던 까닭이다. 서둘러야 했다. 악랄한 보수들이 나를 도왔다. 지저분하게 선고를 늦춘 것이다. 그림을 그리면서 돈으로 움직이는 이들의 작태를 보았고, 모든 걸 망가뜨리고 싶어 하는 보수의 행티도 보았다.

보수의 시간은 끝났고 진보의 시간이 왔다. 저들과 과감히 싸워야 한다. 지치면 진다. 제 2의 윤석열은 또 탄생할 것이다. 보수적 성향은 관성이고, 관성은 우리 자신의 이면이기 때문이다. 나는 잘 안다. 내게도 이 끈적한 관성이 바짝 붙어 나를 진전시키지 못하고 있다. 이성적인 잣대를 치워버리고픈 것이 내 몸이고, 자극적인 것에 매몰되어 현실을 잊어버리려는 내 정신이다. 지치면 진다. 부끄러운 얼굴이, 그 보수적 습성이 반복된다. 변화는 사건 뒤에 온다. 선거 뒤 진짜 싸움을 대비해야 한다. 이 만화가 그 싸움에 도움이 될 수 있으면 좋겠다.

나는 공장에 다닌다. 그러나 부끄럽지 않다. 공장에 다녀도, 나는 해야 할 것을 할 수 있다. 표준 임금으로 생계를 꾸리지만 그래도, 그나마, 임금이 아닌 것에, 조금이나마 최선을 다하는 인간으로 변화되는 듯싶어 뿌듯하다. 이젠 나를 이렇게 소개할 수 있겠다.

"공장에 다니는 그림쟁이입니다."

그리고 이렇게 말할 수도 있겠다.

"저도 했으니, 당신들도 할 수 있을 겁니다."

대통령들 0202250505
ISBN 979-11-961769-8-3(07910)

2025년 5월 5일 초판 발행
글 김형섭
그림 조하나
발행 페이퍼르네상스
전자우편 paperrenaissance@naver.com
홈페이지 http://blog.naver.com/ehgus0816

PAPERRENAISSANCE
출판등록 제 2017-000008호